인물 표현을 위한 실행단계

움직임 표현법 2

움직임 표현법 2: 인물 표현을 위한 실행단계

© 홍선미·김현남, 2017

1판 1쇄 인쇄__2017년 02월 10일
1판 1쇄 발행__2017년 02월 21일

지은이__홍선미·김현남
펴낸이__홍정표

펴낸곳__글로벌콘텐츠
　　　　등록__제 25100-2008-24호

공급처__(주)글로벌콘텐츠출판그룹
　　　　대표__홍정표　이사__양정섭　디자인__김미미　기획·마케팅__노경민 이종훈
　　　　주소__서울특별시 강동구 천중로 196 정일빌딩 401호　전화__02-488-3280　팩스__02-488-3281
　　　　홈페이지__www.gcbook.co.kr

값 10,000원
ISBN 979-11-5852-138-7 94680
　　　979-11-5852-136-3 94680(set)

〈사진 속 인물들〉

정혜란, 박은희, 오선영, 이주현, 나경렬, 권예진, 허지은, 나수진, 이나경, 김예인, 나지훈

Dance Play

인물 표현을 위한 실행단계

움직임 표현법 2

홍선미·김현남 지음

글로벌콘텐츠

　무용 작품에서 인물에 대한 표현은 연극처럼 사실적으로 표현하기 힘들다. 무용작품은 접근 방법에 있어서 연극과는 달리 추상적인 표현을 추구하고 주제가 모호하다. 또한 무용작품은 동작 위주로 안무를 리드하므로 인물을 구체적으로 표현하기 어렵다. 따라서 무용수들이나 안무자들은 인물 표현에서 미숙함이 많다.

　연극에서는 자신의 역할에 대한 분석을 통해 캐릭터를 구축해 나가며 자기 스스로가 어필하고 싶은 요소들을 활용해서 강조한다. 그럼에도 연극은 대사가 있다. 그래서 더욱더 이해가 쉽고 일반관객들이 편하게 볼 수 있다. 하지만 무용은 대사 없이 신체 움직임에 의해 대부분을 표현하고 책임진다. 결국 인물 표현이 추상적일 수밖에 없고 전문적 기량에 포커스가 맞춰진다. 그래서 어떠한 인물을 표현하는 데 있어서는 방법적으로 제시되어 있지 않을 뿐만 아니라 동시에 무용 기술에 의해 풀어나가는 데 익숙하다는 것이 문제 아닌 문제로 대두된다.

그렇다면 대사가 없더라도 감동과 메시지를 줄 수 있다면 어려워서 보기 힘들다는 이야기는 없지 않을까? 결국 문제 해결의 방법은 안무를 해 나가는 방법적 측면에서 연극적 방법들을 활용한 텍스트의 구성, 분석력 및 기존에 논의된 '움직임에 의한 표현법'에 있다. 이 같은 방법론을 효과적으로 구사할 수 있다면 그 어느 작품보다도 관객들의 호응을 얻게 될 수 있을 것이다. 결국 작품의 basic은 연극의 기본 작업으로 시작되고 무대 위의 작품은 탄탄한 플롯에 의한 무용작품으로 거듭나야 한다는 것을 강조하고 싶다.

현재 우리나라 문화예술의 흐름은 모든 예술의 융복합을 권장하지만 실제로는 아이러니한 권장이라 여겨진다. 함께 교육받지 않고 각자 지식과 경험이 다른 상태에서 만나며 상대의 지식과 경험을 인지하지 못한다. 관객처럼 스쳐가듯 보고 들었던 작은 것들로 제3의 창조물을 만들어 낼 수는 없는 것이 자명한 이치가 아니겠는가. 문화예술은 반드시 학습되고 경험해야 한다.

필자가 연극 공부를 하면서 답답했던 부분은 기본적인 시작과 훈련 방법은 무용수도 같아야 하는데 그렇지 못하다는 현실이었다. 항상 대본에 의한 연기를 해나가고 작품을 창조해 내는 배우들의 훈련법이 무용수에게 더 절실하게 필요하다는 것이었다. 이 사실을 깨닫고 나서부터 많은 것을 절감하면서 학생들에게 훈련법을 보급하고 싶었다.

배우나 무용수는 무대예술을 해야 하는 똑같은 표현자, 행위자이다. 무용수도 춤으로 연기를 해야 하는 배우이며, 배우 역시 무대에서 자신의 모습으로 멋지게 때로는 추하게 표현해 내야 한다. 감정이 배제된 기계 같은 무용수, 움직임이 연기로써 추함이 아닌 준비되어 있지 않아 본래의 모습이 추하다면 관객들은 눈살을 찌푸릴 것이며 다시 그 공연을 찾지 않을 것이다.

필자는 연극의 이론을 접하며 소름끼쳤던 30대 후반 즈음에 작정했다. 내가 공부하고 실행하고 전달하겠다고. 그러나 지금은 많은 분들이 공부하고 실행하고 계시리라 믿는다. 그리고 무엇보다도 젊은 학생들이 달라지고 있다. 자립심도 강해지고 연구하고 싶어 하고 도전하려 한다. 그러므로 이 교재가 어쩌면 너무 원초적일 수도 있고 때로는 당연하게 느껴질 수도 있지만 필자의 긴 교육 과정 속에서 실습해 본 결과 이 과정 동안에 학생들이 얻을 수 있는 많은 것들, 텍스트 접근법, 분석 능력, 캐릭터 구축 방법, 상징성 만들기, 응용능력, 상상력 등이 향상될 수 있으며, 무엇보다 중요한 점은 무용동작만으로 작품을 만들어 가던 학생들에게 아이디어와 오브제 활용에 따른 인물 극대화 방법 등을 훈련시킬 수 있다는 데 의의를 둔다. 과정을 거치는 동안 때로 스트레스를 받기도 하겠지만 과정을 마친 후에는 많은 것을 깨닫게 되리라고 믿어 의심치 않는다.

본 교재의 두 단계는, 즉흥하기 과정에서 가장 많은 도움을 받은 스타니슬랍스키의 신체적 행위법, 즉 etude의 방법이 응용되었다. 특히 무용에서 활용되어지는 improvisation 중 contact improvisation을 활용하였다. 또한 연극적 이론, 수년간의 강의와 안무 과정 등을 통해 경험해 온 방법들을 토대로 15주 일정에 맞는 교재를 목표로 삼았다.

스타니슬랍스키는 신체적 행위법(표현법)에서 배우가 자신의 역할 구현에 필요한 모든 환경, 즉 심리-신체적 행동의 요소를 의식적으로 유도하여 잠재의식의 창조세계의 다가가는 것, 진실한 체험을 통해 잠재의식적인 즉흥을 유발하는 것이라고 주장하였다(김태훈, 1999). 여기서 잠재의식적인 즉흥을 유발하는 부분은 우리 무용을 전공하는 학생들에게 가장 부족한 대목이라고 판단된다. 그러나 이같은 부족함은 학습의 기회를 제공해 주지 않았기 때문이다.

그런 까닭에 상상력이 결핍되고 창의력이 고갈되었다는 문제점이 나타난다.

이런 측면에서 움직임 표현법의 연습단계와 실행단계 두 권의 교재를 통해 필자의 의도가 정확하게 인지되기를 바란다. 또한 무용을 전공하는 학생들의 문제 해결 능력이 향상되어 자신의 작품을 책임질 수 있고, 자신의 작품에 대한 의도를 확실하게 전달할 수 있기를 소망한다.

〈움직임 표현법 1. 인물 표현을 위한 연습단계〉는 작품을 만드는데, 시작, 즉 접근 방법부터이다. 특히 인물에 대한 표현 방법을 위주로 해서 좀 더 구체적인 제시와 예를 통해 진행할 수 있도록 하였으며, 즉흥과정까지를 마치게 되면 이미 자신이 표현하고자 하는 인물에 대한 설정과 캐릭터 구축에 대한 방향성이 생겨나게 된다.

〈움직임 표현법 2. 인물 표현을 위한 실행단계〉는 연습한 부분들을 목표대로 적용시켜 나가는 단계이다. 공연을 올리기 직전에 많은 부분들을 조율하고 fix 시켜 나가야 하는 과정이다. 두 단계를 한 학기 교재로 활용하여 15주 동안 진행하려면 부지런하게 준비하고 노력해야 한다. 집중력 있게 실행해서 질 높은 표현을 하는 데 도움이 되길 바란다.

본 교재에서는 '동작'이라는 말보다는 '움직임'이라는 말을 많이 쓴다. '동작' 이라고 하면 무용수들에게는 기존에 자신들이 늘 해 오던 의미 없는 현대무용의 동작에 치우쳐서 헤어나지 못할 것 같아서이다. '움직임'이라는 의미는 내 작품에 필요한 이동, 반복적 행위, 사실적 행동이나 제스처에서 증폭된 상징적 움직임으로 인지하는 데 도움이 되라는 의미에서이다. 또한, 글로 표현되기 힘든 부분이 많아서 사진을 통해 이해의 도움이 되기를 바라며 예로 첨부한 사진들이 많다. 과정의 어려움은 없을 터이나 정확한 답을 내야 되는 부분은 없으니 과감하게 연습하고 실행하는 것이 중요하다.

본 교재를 통해 수업시간이 즐겁고, 자신의 표현 시도를 통해 자신의 통념이 무너져내리는 놀라움을 절감하면서 한 가지씩 귀중한 예술적 표현의 가치를 찾기 바란다. 한 가지의 움직임으로 시작되어 파생되는 움직임들에 진정성이 가미되면 무언가를 표현하는 수단이 되고 나의 신체가 아름다운 도구가 된다. 이를 즐겁게 느꼈으면 한다.

필자가 본 교재를 통해서 의도하고자 한 바는 다음과 같다.
첫째, 인물을 움직임으로 표현하는 방법과 캐릭터를 구축하는 방법
둘째, 움직임을 증폭시키는 방법
셋째, 상징적 표현법을 인지하는 것이다.

그 후 발휘되는 심미안은 그 어느 때보다 아름답고 감동을 줄 것이다. 또한 이 같은 감동은 일반 관객들을 이해시킬 수 있을 뿐만 아니라 예술성이나 대중성 이전에 작품 그 자체를 받아들일 수 있는 역량을 가진 무용수, 안무가, 그리고 작품의 존재 가치를 확보할 수 있게 해줄 것이다.

무용을 사랑하는 우리에게 실기의 기본이 중시되듯 창작에서도 자신에게 가장 필요한 기본적인 공부가 무엇인지 생각해 보아야 한다. 자신의 역량이 부족하다는 생각이 든다면 그것은 분명히 내가 좋아하는 분야인 것이다. 표현은 '무엇을'이 반드시 있어야 한다. 그런데 우리는 '무엇을'이 없이 '그냥 춤을~'로 만

들어간다면 그냥 어디서든 흥에 겨워 추는 춤과 다를 바 없다. 본 교재의 과정
은 무엇을 표현하는지, 왜 이렇게 움직이고 있는지를 구성하고, 이를 적절히 표
현해야 함을 말해주고 있다.

부디, 학생들이 좀더 진지하게 연습과정과 실행과정을 진행하기 바라며 훗날
자신의 작품을 만들 때는 쉽고 흥미롭게 접근할 수 있기를 바란다.

홍 선 미 · 김 현 남

인물 표현을 위한 실행단계

인물 표현을 위한 실행단계

인물 표현을 위한 실행단계는 연습단계를 거치면서 어느 정도 구축된 인물의 캐릭터와 움직임들을 직접 실행시켜 나가면서 수정, 보완하고 또 평가하기를 통해 지도자와 동료들의 의견을 참고해 나가는 중요한 과정이며, 표현하기의 과정 전체에서 인물 표현의 완성도를 제고하고 마무리하는 단계이다. 그러므로 이 단계에서는 인물 표현의 중요성을 인지하도록 역할창조에 대해 언급하고자 한다. 연습단계의 캐릭터 구축에 대한 서술 내용을 다시 한 번 상기시켜 보고 나서 역할 창조로 넘어가면 크게 도움이 될 것이다.

배우가 자신의 신체, 목소리, 말투, 걷는 모양 등의 움직임으로 인물에 걸맞는 외형을 만들어 내지 못하면 그 인물의 살아있는 내면과 정신을 관객에게 제대로 전달할 수 없다고 연출가들은 말한다. 무용수의 경우는 어떠한가? 무용수 역시 신체, 기능, 감정 등을 인물에 맞게 만들어 내면까지도 관객에게 표현해야 한다. 무용수와 배우의 기본은 너무나 같다. 단지 주 기능의 차이가 움직임(춤)과 대사(연기)라는 것에 불과하다.

"신체를 통한 인물묘사는 어떻게 구성해야 할까요?"라는 제자의 질문에 대해 토로쵸프는, "외형 없이는 내적 성격묘사나 이미지 전달이 불가능하다. 신체를 통한 인물묘사가 인물의 내면을 설명하고 보여줄 때만 그게 가능하다. 또한 인물의 내면을 이해하면 신체묘사는 저절로 따라오게 된다."라고 답했다 (Stanislavsky, 1920).

무용수들은 외형으로 모든 것을 표현하고 있기 때문에 인물의 내적 성격 묘사나 이미지가 전달되지 않는 경우가 많다. 사실 무용수들의 기초훈련이나 표현 교육을 경험해 본 결과 무용수의 신체로 인물을 표현함에 있어서 큰 어려움이 있다. 기존의 교육이 기능적 연마에 치중되어 있기 때문이다. 결국 무용수들의 기본은 신체적 인물묘사를 위한 인물의 내면을 이해해야 하는 점이다.

현존하지 않는 인물은 자료, 작품에 의해서 이해해야 하며 현존인물은 만남을 통한 인터뷰, 관찰, 대화, 함께 할 수 있는 일을 통한 이해가 필요하다. 그런데 인물의 내면을 이해하고 채웠다고 생각하는데도 표현되어지지 않고 떠오르지 않는다면 자신만의 방법으로 만들어 가야 한다. 이것이 바로 토로쵸프가 어려운 것이 아니라고 말한 '외적인 가장'이다.

외적인 치장은 결국 절름발이가 되고 미친 오필리어가 되고, 목소리를 변조하여 노역을 해보고……. 그러나 외적인 치장을 해보고 또 해보아도 결국 '나'라는 존재, 내가 표현하고 있다는 사실을 절감하게 된다. 그렇다면 그러한 의미는 외적인 성격묘사가 직관적으로 이루는 것임을 말해준다. 이처럼 기술적이고 기계적이고 단순한 외적 기교에 의해서도 인물묘사는 가능하다는 점이다.

"사람들은 직관에 따라 혹은 자신이나 다른 사람을 관찰함으로써, 또는 실제 삶이나 가상의 삶에서 자신이나 다른 사람이 과연 어떠한 모습일 수 있을까 상상해 봄으로써 외적 인물묘사가 가능해진다. 실제 경험, 사진, 조각, 그림, 책, 이야기, 소설, 사건 등에서 실마리를 찾는다. 중요한 것은 외적 인물묘사를 고민하는 동안에도 절대로 자아를 잊어서는 안 된다."(Stanislavsky, 1920) 토로쵸프는 자아에 대해 강조했다. 자아를 망각한다는 것은 나만의 연기, 나만의 춤이 존재하지 않게 되는 것을 의미한다. 간혹 누군가에게 몰입하다가 그 사람의 춤을 따라하고 똑같이 해보려고 할 때 그 사람과 똑같아지지도 않을뿐더러 오히려 내 것은 사라져 버린 어설픈 춤이, 어울리지 않는 느낌들을 낳는 경우가 있다. '내가 뭐하는 거지?'라는 생각을 하게 되는 순간이 오는 것이다. 치장하고 다른 춤의 영향을 받을 수는 있지만 자신의 것에 어느 한 부분 도움이 되어 내 것에 부족한 부분이 조금이나마 채워질 때까지가 바람직한 것이다.

우리는 간혹 마스크를 활용하여 역할을 하는 경우를 보게 된다. 가장무도회도 마스크로 자신을 감추고 즐긴다는 점에서 비슷하다. 인물을 정하고 그 인물을 표현하기 위해 마스크를 쓰고 그 안에 자신을 감춰본다. 긴 시간 마스크로 그 인물에 대한 연기를 하고 움직임을 하면서 표현하는 동안 분명히 두 사람의 존재를 느끼게 될 것이다. 내가 표현하려는 어떤 인물과 그것을 표현하는 나 자신이라는 또 다른 사람이다. 이 두 존재가 배우들을 괴롭기도 하고 그 순간을 즐기게 만든다. 이 두 사람을 어떻게 해야 되는지에 대한 고민 속에서 둘이 싸우며 어느 정도 합의하거나 타협하게 되는 것이다. 결국, 나를 숨긴들 내가 사라질 수 없다는 사실이다. 그런 까닭에 내 안에 있는 그 역할을 존중해야 된다.

그런데 이 사실이 매력적으로 다가온다. 내가 무대에서 원숭이 흉내를 잘 표현했다고 진짜 원숭이가 될 수는 없다. 그 표현은 인간의 몸으로 표현되었기 때문에 더 신비롭다. 그 신비로움이 예술로 여겨지고, 그 이중적인 표현이 관객의 흥미를 자극한다. 이것이 스타니슬랍스키가 말하는 이중성(double existence)이다.

무용수들은 이러한 이중성에 대해 유념해야 한다. 외적 묘사도 물론 중요하다. 하지만 외적 묘사로 그쳐서는 안 된다. 내가 표현하려는 인물에 대해 기본적인 탐구와 관찰이 이루어져야 한다. 탐구와 관찰을 통해서 나만의 장점을 절대 배제하지 말고 스스로 만들어 나가야 함을 강조한다. 무용수들이 많이 고민하지 않고 있는 부분들에 대해 배우들은 고민하며 풀어나가고 있다. 배우와 무용수의 가장 큰 차이는 여기에 있다. 무용수들은 무대에 서기 전에 많은 연구, 분석을 하는 습관이 되어 있지 않다. 따라서 무용수들은 단순한 캐릭터 설정으로 인해, 테크닉이 좋고 신체가 아름다운 것으로 그쳐버리는 경우가 많다. 그렇게 되면 모든 안무가, 연출가, 무용수들은 평생 고정관념과 외형적 기능 표현에서 벗어나지 못한다.

토로쵸프가 말하는 '잘못된 배우'를 예로 들어 살펴보자.

첫째 '잘못된 배우'는 자신의 매력을 믿고 모든 것을 의지하는 배우이다. 예를 들면 자신이 그 배역보다 더 매력적인데 꼭 그렇게까지 연기해야 하는지 고민하는 배우를 말한다. 그런 경우 '자신 내부에 있는 배역을 사랑하는 것이 아니라 배역 안에 있는 나를 사랑하는 것'이라고 토로쵸프는 말하였다. 대부분의 무용수에게 해당되는 말이다. 무용수들은 인물을 연구하고 분석하는 방법에 대해 배운 적이 없다.

둘째, '잘못된 배우'는 상투적인 연기를 자유자재로 구사하는 배우이다. 그는 관객에게 자신을 과시해야 하므로 다른 인물로 변신하려 들지 않는다. 한 예로 발레리나와 현대무용작품을 하면서 한 부분에서 바닥으로 살짝 굴렀다가 일어나 달라고 요청한 적이 있다. 그녀는 너무 놀라면서 왜 바닥으로 굴러야 하느냐고 항의했다. "난 이 각도에서 이 동작을 해야 한다"라고 소리치며 결국 동작을 취하지 않고 말았다. 자신의 역할이 무엇인지조차 잊은 채, 아니 생각하려고 들지 않으면서 평소에 가장 잘하는 동작을 뽐내려는 것이다. 언제나 솔로의 역할에서 잘 짜여진 춤의 기능을 빼놓지 않는다.

셋째, '잘못된 배우'는 인물묘사를 판에 박힌 의식으로 여기는 배우이다. 등사기로 밀어내듯이 같은 연기를 해내고 있는 것을 가리킨다. 다른 사람이 해놓은 방법을 그대로 자기 것인양 아무런 노력없이 해내는 배우들이다. 동영상을 보고 그 배우가 하던 감정선, 동선, 제스처까지도 판에 박은 듯 따라하고 무대에서 그것을 완성이라고 여긴다.

넷째, '잘못된 배우'는 자신이 노력하여 만든 역할을 모든 다른 역할에 똑같이 대입하여 연기하고 있는 배우이다. 그는 자신의 연기를 보여주는 것이 아니라 만들어 놓은 연기를 그대로 수행한다. 또한 그는 내가 아닌 지난 작품에서의 그 역할자가 하고 있는 것이다. 흔히 공연을 보고 '뭘 해도 똑같다'라는 말하는 경우가 있다. 이는 나 자신의 내면에서 나오는 진정한 표현이 되지 않기 때문이다.

다섯째, '잘못된 배우'는 지나치게 과장된 연기는 역할을 표현하는 데 해가 된다. 어쩌면 과장에 의해 '나' 자신만 보이게 되는 수도 있다. 네 번째와는 반대되는 이유일 수 있으나 지나친 과장으로 평소의 내 모습이 그대로 드러날 수 있다. 결국 진솔하게 역할을 창조해 낼 수 있어야 한다는 것이다.

자신의 장점으로 그 역할을 창조해낼 배우가 되기까지는 많은 노력과 경험이 필요하다. 무용수들에게 이러한 배우들의 잘못된 점들을 강조하는 이유는 배우도 무용수도 무대예술을 하는 행위자, 표현을 해야 하는 창조자이기 때문이다. 그런데 배우들에 비해 무용수들은 역할자로의 고민을 덜하고 무대에 서는 것은 아닐까? 역할을 창조한다는 의미에서 무용수와 배우의 연구와 고민은 함께 이루어져야 한다. 무용수와 배우가 서로에게서 얻는 시너지 효과를 활용한다면 두 배의 공부가 되며, 표현의 질도 그만큼 높아질 것이다. 그래서 본 교재를 배우와 무용수가 함께 활용할 수 있기를 기대해 본다.

이번 장에서는 인물 표현을 위한 실행단계를 살펴볼 것이다. 확실하게 역할이 창조되어야 하는 과정이다. '역할 창조'라는 말은 연극에서 많이 사용한다. 무용에서는 '역할 창조'가 필요 없는 걸까? 그렇지 않다. 또 무용극에서만 역할 창조가 필요한 걸까? 잘못된 생각이다. 구체적인 인물의 이름이 정해져 있지 않을 뿐, 무용 작품 안에도 각자의 역할은 다 있기 마련이다. 공격자, 방어자, 물, 불, 혼, 오브제 등도 역할이라고 생각해 보면 무용에서도 모두 해당된다.

역할을 표현하는 데 있어서 가장 손쉬운 방법은 눈과 얼굴과 모방의 도움을 통해서이다. 그리고 눈으로 분명하게 표현할 수 없는 것은 음성으로 넘어가는 단어, 억양, 말투를 이용한다. 여기에 제스처와 동작으로 생생한 묘사를 더해 주면 느낌과 생각이 더 강하게 표현된다. 이처럼 신체 행동은 마침내 창조 의지의 노력에 의해 마무리되어 극 중 사실로 전환된다(신은수 역, 2001).

무용수들의 역할 표현 방법을 생각해 보자. 눈과 얼굴의 미묘한 감정, 정서, 사상 등을 표현하기는 힘들지만, 소극장에서는 배우처럼 정적인 움직임조차 잘 드러날 수밖에 없다. 연기자들이 말하는 얼굴에 의한 모방은 무용수들에게는 어렵지만 신체 움직임과 습관적 행동에 따른 모방은 매우 필요하다. 그러나 무용수는 연기자들처럼 단어, 억양, 말투를 이용하지는 않는다. 물론 근래에는 많이 달라지기도 했지만 바로 제스처, 동작 등의 신체 행동으로 넘어가는 경우가 많다. 그렇게 되면 구체적인 의미나 의도가 생겨나기 전에 신체의 움직임을

움직임 표현법 2 인물 표현을 위한 실행단계

수행하는 모순이 발생한다. 연습과정에서 경험할 수 있듯이 모방을 통해 흉내 내기를 하지만, 결국에는 단어에 의한 표현과 대사에 의한 표현을 통해 움직임의 증폭이나 감정변화에 차이를 느낄 수 있었다. 역할의 창조는 무용수의 상상력과 노력 여하에 따라 충분히 만들어질 수 있음을 말해 준다.

"각자 의식 속에 있는 모든 것을 분명하게 전달하기 위해서는 말이 필수적이다. 자신의 아이디어를 분명하게 전달하기 위해서는 말이 필요한 것이다. 그 말을 하는 데 있어서 긴장과 상투성이 배재된 내적인 음성, 화술이 필요한데, 그에 의해 내적인 감정을 고스란히 직접적으로 표현할 수 있기 때문이다. 신체 역시 근육 긴장으로부터 보호받아야 한다. 즉, 눈, 얼굴, 음성, 신체까지도 자유자재로 통제할 수 있을 만큼 강해지는 최종단계에 도달할 때까지 역할의 신체적 구현을 보류해야 하는 것이다. 신체까지도 내적인 감정으로 직접 통제될 수 있는 단계가 되어야 상투적이 연기가 되지 않을 것이다."(신은수 역, 2001) 우리는 여기서 긴장과 상투성에 대해 생각해 보아야 한다.

예술가들은 무대나 화폭 위에서 힘을 뺄 때 가장 아름다우며 경지에 올랐다고 말한다. 자신이 표현하려는 의도가 정확하다면 훨씬 자유로운 표현으로 이어질 수 있다. 그러나 그 자유로움은 창조에 의한 자유로움이어야 한다는 점이 중요하다. 상투적인 행위를 잘 구사함이 자유로운 표현은 아니라는 것이다. 대사로 많은 것을 표현해야 하는 연극 배우들은 음성, 화술의 과정을 겪으면서 내적인 감정을 끄집어낼 수 있다. 하지만 무용수들은 그 과정을 연습과정에서 활용할 수 있어야 한다.

자신의 신체가 자유롭게 통제될 수 있을 때까지 신체의 움직임을 보류해야한다는 점에 대해 무용수들은 어떻게 생각할까? 단지 동작을 만들지 말아야 한다는 것으로 받아들일 수 있다. 물론 전혀 틀리다고 말할 수는 없다. 그러나 동작을 만드는 것이 우선이 아니다. 동작을 만들어 놓은들 평소 움직임과 다를 것이 없다거나 내가 움직이며 무엇을 표현하고 있는지에 대해 알 수 없는 상태가 되면 안 된다는 것, 곧 무용수의 몸에 밴 습관에 따라 역할을 해내서는 안 된다는 것이다. 무용수의 역할마다 매번 창조의 과정이 반드시 필요하다는 점이다. 몸에 배어 있는 습관을 없애기는 쉽지 않지만, 이 또한 창조하려는 노력에 의해 버려질 수 있다. 강제에 따른 움직임이나 주입식 훈련보다는 즉흥적으로 움직일 수 있도록 자유를 주면서 습관을 찾아내기도 하고 버리기도 한다.

배우가 속에 품고 있는 창조성이 알차면 알찰수록 얼굴 표정, 감정, 기능, 동작의 우아함 등에 의해 표현수단이 갖는 융통성과 진솔함이 증폭된다. 그렇게 되면 내적 본질에 맞는 표현으로 가까워질 것이다. 무용수들이 상상력을 발휘할 수 있는 기회가 마련된다면 반복해서 말하고 있는 '내적 감정', '내적 표현'이라는 말이 어렵게 와닿지만은 않을 것이다.

무용은 눈에 보이지 않는 의지와 감정을 발산시켜야 하는 어려운 예술일지 모르지만 우리는 무대에서 관객과 그 의지와 감정으로 교감을 나눈다. 이는 너무나 매력적인 일이다. 눈에 보이지 않기 때문에 관객을 상상하게 만들고 감동받게 하는 것이 쉽지 않다. 하지만 우리가 지금까지 주장한 자신만의 정서와 연구한 캐릭터 구축을 몸의 자연스러운 언어를 구사하여 창조적인 표현을 한다면, 눈에 보이지 않는 의지와 감정은 관객들 스스로 상상하고 감동하게 될 것이다.

지금부터 진행하게 될 적용하기, 표현하기 과정을 통해서 창조적인 역할이 구현되어지기를 바란다.

적용하기

본 단계는 표현을 위한 연습단계 과정을 통해 본인이 결정한 인물과 캐릭터 설정, 움직임 확정, 하고 싶은 대사나 소리 결정, 음악 결정, 의상 등을 실질적으로 마음껏 실행시켜 본다. 자신이 표현하려는 인물을 구체화하는 과정에서 상징적 움직임을 동물로 설정하였다. 또한 그 움직임은 나의 주제 동작으로 구체화되었고, 혼자 표현하거나 상대를 앞에 두고 또는 상대와 동시에, 상대와 다른 공간에서 동시에, 대사를 하며, 대사를 외부에서 타인이 해주며, 소품을 활용하며, 서로 마주보며, 접촉하며……등등 여러 경우를 통해 연습해 보았다.

본 단계에서는 이러한 과정을 거쳐 구축된 자신의 캐릭터를 자신 있게 적용시켜 나간다. 여기에서 '적용'이란 자신이 인물을 정하고 그 인물에 대한 특징으로 자신이 누구인지를 좀 더 구체적으로 알리기 위해 설정해둔 목표에 도달하는 단계를 가리킨다. 적용단계에서는 자신이 확신을 가졌던 부분들이 오히려 맞지 않는다거나, 감정의 증폭조절이 필요하거나, 상징성이 지나치게 많아 이해가 어려운 까닭에 사실적인 부분들을 가미해야 할 수도 있다. 표현하기 단계로 가기 위한 마지막 조율이 필요한 단계이다. 겁내지 말고 앞 단계를 통해 얻은 자신만의 구축점들을 자신 있게 펼쳐보이는 것이 중요하다. 타인에게 피드백을 받는 것도 좋은 방법이다.

설정단계에서 인물로 정한 햄릿을 결국 '복수 때문에 불행한 햄릿'으로 표현하고, 인물로 정한 오필리어를 '아버지의 죽음이 내가 사랑하는 햄릿 때문임을 알고 나서 미쳐 버린 오필리어'로 표현하는 것을 목표로 삼았다. 본 단계에서 이제는 햄릿, 오필리어라는 인물보다 정서, 즉 감정과 그들이 표현하려고 하는 목표에 더 치중해 본다.

본 단계에서는 동작을 취해 나가면서 앞 단계에서 연습해 온 상징적 움직임과 다양한 접근법을 통해 구축한 동작과 감정을 자신감 있게 해나가다 보면 과장된 동물 캐릭터는 점점 배제되고 동물적 느낌으로 연습한 몸의 집중력과 움직임의 일관성 등이 부각되면서 자신의 표현에 확신을 갖게 될 것이다.

적용하기부터는 많은 동료들 앞에서 다양한 반응을 경험하여 실행하도록 한다.

대사를 활용하여 적용하기 → 대사 없이 적용하기 →
오브제의 상징성으로 주제 구축하기 → 군무를 활용한 '나'를 강조하기
→ 평가하기

1) 대사를 활용한 적용하기

구체적인 대사를 넣어 본다. 대사를 활용하는 이유는 자신의 역할에 좀더 몰입하게 하기 위함이다. 대사 활용은 감정을 표출하는 데 도움이 된다. 무용에서는 동작에 의존하므로 자신의 감정이 어떠해야 되는지를 잊은 채로 춤을 추는 경우가 많다. 동작의 완성이 표현의 끝은 아니다. 따라서 동작으로 상대에게 나의 메시지를 전달하여 감동을 주어야 부족하나마 완결된 것이라 할 수 있다. 이럴 때 대사를 하면서 연습하게 되면 표현하는 데 크게 도움된다. 신체가 자유로워지면서 감정이 분출되면 진정성 있는 표현이 가능해져 관객들에게 감동을 줄 수 있게 된다.

제시 - 아버지를 반복해서 외쳐 본다.

- 아버지와 햄릿을 반복해서 외쳐 본다.

- 무용수가 직접 대사하기

- 타인이 대사해 주고 무용수는 움직이기

ex: 나는 햄릿!

복수를 해야 돼~

아버지~ 아버지~ 나의 아버지

방법 ① 대사를 직접하며 자신의 연기와 움직임을 한다. 단발적인 동작, 연결된 동작 등을 자유롭게 해나간다.

만들어 둔 상징동작들을 활용한다.

무용수들은 대사하기에 대해 두려움을 가지고 있다. 그러나 적용하기 과정까지 오는 동안 대사의 경험을 통해 어색함이 덜해지고 있음을 느낄 것이다. 오히려 대사를 하면서 감정의 힘을 느끼는 무용수들은 적극적으로 대사의 도

움을 받으려고 한다.

위의 첫 번째 사진을 보면 알 수 있듯이 대사가 들어가면 무용적 움직임보다는 마임, 제스처 등의 사실적이면서 대사를 뒷받침해 주는 소극적인 움직임을 하게 됨을 알 수 있다. 두 번째 사진은 좀더 적극적인 움직임이 시도되고 있다. 배우들이 무용시간이 되면 동작에 신경쓰며 감정을 배제하는 경우와 같다. 마치 멋지게 대사를 해야 하는 배우인양 무용수들이 몸의 형태만 갖춘 대사 위주의 움직임을 하고 있다. 무용수에게 대사는 감정을 분출시키는 데 도움이 되는 보조적 수단임을 잊지말아야 한다. 대사와 함께 연습하면 상황의 인지가 빨라지고, 캐릭터 구축에 자연스러운 감정이 표출될 수 있기 때문이다. 이 점을 명심하고 적용하기에서는 인물에 대한 상황과 캐릭터 구축이 명확하게 이루어져야 한다.

배우가 대사를 해주기도 하고 무용수가 대사를 해주기도 한다.

감정을 실어서 또는 냉담하게 대사를 해준다.

무용수는 감정의 변화를 느낄 때마다 움직임에도 변화가 생길 것이다.

　위의 사진은 본인이 직접 대사를 하지 않고 다른 사람이 대사를 간헐적으로 해주고 움직이는 모습이다. 훨씬 적극적인 움직임이 일어나고 있음을 알 수 있다. 그리고 대사를 강하게 또는 슬프게 외치거나 흐느껴 울 때마다 움직임의 템포나, 강약 변화가 생기며 호흡이 확장되는 느낌을 준다. 자유롭게 움직이면서 대사 또한 변화를 주면서 진행하므로 때로는 변사가 되는 느낌을 주기도 한다. 무용수의 움직임이 이루어지는 동안 간헐적인 타인의 대사는 무용수의 몸을 집중하도록 하고 감정을 지속시켜 주는 역할을 한다. 배우가 대사를 해줄 때 훨씬 도움이 된다는 점을 확인할 수 있다. 동료가 있는 상태에서 움직임을 증폭시키면서 내가 햄릿임을 자연스럽게 인지시켜 주는 과정이다.

방법 ① 대사를 직접하며 자신의 연기와 움직임을 한다.

대사 후 움직이고 움직이면서 대사를 해보기도 하면서 차이점을 느낀다.

앞 과정에서 만들어 놓은 상징적 움직임을 활용한다.

　대상을 앞에 두고 움직임을 하기 시작했다. 죽음을 맞이한 아버지의 모습으로 설정하고 연기에 몰입하기 시작한다. 무용수이면서도 감정을 잘 잡아나가는 편이어서 상황에 빠져 들어가다 보니 움직임이 사라졌다. 진짜 아버지 앞에서 슬퍼하는 모습처럼 느껴졌다. 그렇다면 움직임으로 전환시키는 연습이 필요하다. 햄릿을 표현한 남자무용수와 또 다른 현상이 일어난다. 여자무용수는 감정이 리드하고 있고 남자무용수는 감정과 움직임이 분리된 상태로 시작하는 특징을 보이고 있다. 본인들 스스로 어떠한 상태인지를 파악하는 과정이며 자신에게 맞는 방법을 선택할 수 있어야 한다. 그 방법을 알고 나서 앞으로 전개되는 과정을 진행해 나간다면 훨씬 도움이 될 것이다.

햄릿이 어떠한 대사를 하며 다가올 때와

동료들에 의해 간헐적인 대사가 이루어질 때의 차이를 느껴본다.

　대사에 의한 움직임이 매우 다양하게 반응하는 것을 알 수 있다. 햄릿의 품에 사랑스럽게 안긴 오필리어는 마치 원숭이가 나무에 매달린 듯, 햄릿은 뒷다리로 말의 상징성을 고수하고 있다. 표정이 살아있으니 동적인 움직임이 아니어도 생명력이 느껴진다.

　두 번째 사진은 감정이 들어간 대사를 해주는 데도 불구하고 냉소적으로 감정을 빼고 움직이고 있다. 미친 오필리어의 모습을 냉담하게 표현하는 모습이 오히려 슬퍼 보인다. 동료들의 옷을 입히고 벗기고를 반복하며 그 반복적 행위와 어떤 감정도 받아들여지지 않는 듯, 의도적인 냉소적임이 느껴지고 그러한

　　　　　　　　　움직임 표현법 2　인물 표현을 위한 실행단계

감정상태가 매우 세련되게 표현되었다.

　세 번째 사진은 괴로움을 사실적으로 표현하고 있다. 여기에서는 발가락, 손가락의 들림과 모아진 무릎 등을 통해 몸의 긴장과 집중을 느낄 수 있다. 좀 더 과장되면 사실적 움직임에서 상징성 움직임으로 전환될 수 있을 것이다.

2) 대사 없이 적용하기

위의 1) 대사를 활용한 적용하기에서 했던 대사들을 빼고 적용해 본다. 즉, '복수 때문에 불행한 남자'와 '아버지의 죽음이 내가 사랑하는 햄릿 때문임을 알고 미쳐버린 소녀'라는 목표를 잃지 말고 그동안의 연습과정을 통해 구축해 온 감정, 동작, 상징성들을 마음껏 표출한다. 이를 동적인 움직임으로 연결시켜 본다. 그런 다음 정적인 움직임을 활용하여 감정과 움직임, 상징성 등을 표현해 본다. 충분하게 경험한 후 차이점을 서로 토론해 본다.

제시 – 주로 floor를 활용하기

– 주로 bar를 활용하기

ex: '복수 때문에 불행한 햄릿'

방법 ① 남자무용수는 자신이 구축한 캐릭터를 floor 활용에 치중하여 동적인 움직임으로 진행해 본다.

자신의 상징적 움직임을 응용하고 본인의 장점을 접목시키는 데 집중해 본다.

　동적인 움직임으로 연결해 나가는 과정은 무용수들에게 흔한 일이다. 가장 잘 할 수 있는 부분이다. 그러나 그 많은 움직임 속에서 내가 표현하고 있는 것이 무엇이며 지금의 상황은 어떠한지 등을 모른 채, 즉 의미 없는 동작을 연결하는 것이 문제였다. 그렇다면 우리는 여기서 그러한 과오를 반복해서는 안 된다. 동적인 움직임이 쉼 없이 연결되면서 의미를 줄 수 있고, 어떠한 이미지를 느끼게 할 수 있어야 하는 것이다. 자신이 잘 해낼 수 있는 움직임을 마음껏 해나가며 의도를 표현하는 것만큼 바람직한 것은 달리 없다. 앞의 과정들을 경험하면서 구축해 온 인물의 특징을 잘 적용해 나가야 한다.

정적인 움직임이란 포즈만을 의미하는 것은 아니다.

미세한 움직임 속에서 정서를 끌어낼 수 있는 움직임을 말한다.

움직임이 연결되는 부분에다 연기적인 요소를 가미해 본다.

사진만으로도 정적인 움직임들은 상징성이 있음을 알 수 있다. 그러나 우리는 사진예술을 하는 것이 아니다. 정적인 움직임만으로 전체를 진행해 나가면 지루해질 것이 틀림없다. 여기서 인물을 표현해야 한다는 목표를 다시 한 번 상기하고 진행해 나간다.

가장 미흡한 부분은 무용의 동적인 아름다움과 기능을 절대로 무시하지 않으면서 자신이 표현하고자 하는 인물을 좀 더 구체화시키는 표현, 그것이 대사가 없는 무용적인 표현에서이다. 그렇다면 동적인 부분에서 과잉되는 움직임의 연속에 정서를 불어넣을 수 있는 또 다른 호흡, 어쩌면 쉼이 될 수도 있는데, 그 호흡, 쉼이 필요한 것이다. 지난 과정에서 만들어낸 상징적 움직임들의 반복성을 활용하면 우리의 문제점은 해결되는 것이다. 중요한 점은 프레이즈와 프레이즈 사이에 브릿지를 만들어 감정은 끌어내면서 움직임의 쉼을 줄 수 있어야 한다는 것이다. 배우들이 오직 많은 대사로만 작품을 끌고 갈 때 오히려 이해되지 않을 때가 있으며 감동이 덜한 순간이 오게 되는 경우가 있는데 이와 마찬가지이다. 그래서 배우들에게는 브릿지나 사이를 반대로 움직임으로 해보기를 권한다. 매우 중요한 부분임을 명심하고 실행해 나간다.

방법 ① 여자무용수는 자신이 구축한 움직임을 floor 활용에 치중하여 동적인 움직임

을 진행해 본다.

자신의 상징적 움직임을 응용하고 본인의 장점을 접목시키는 데 치중해 본다.

동료들이 중간 중간에 감탄사가 나올 때 자신의 변화를 인지한다.

원하지 않는 움직임을 하게 되었을 경우 자신의 대처 방법을 생각해 본다.

무용수에게 floor에 몸을 맡긴다는 것은 어색한 일이 아니다. 이는 자연스러운 움직임으로 보일 수 있고 안정감을 주기 때문에 다양하게 활용된다. 오필리어의 이미지를 기억하며 앞에서 경험했던 새끼 원숭이, 흰 손수건, 코스모스, 흰 양산에 의한 상징성을 확장시키고 목표에 적용해 나간다. 그러나 단 한 번도 floor를 벗어나지 못하는 것은 자신의 의도인지에 대해 생각해 본다.

방법 ② 여자무용수는 자신이 구축한 캐릭터를 정적인 움직임으로 진행해 본다.

동적인 움직임으로 연결했을 때와 비교하여 이야기를 나눠 본다.

자신의 연기력이 표출되는 지점을 찾는다.

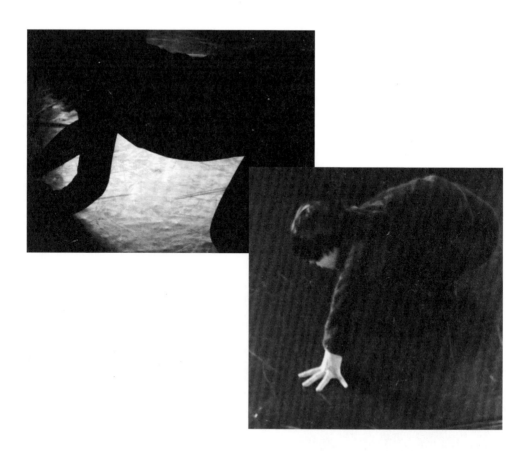

여자무용수의 정적인 움직임은 상징성과 집중 때문에 캐릭터 표출이 구체적이다. 역할에 따라 반드시 템포가 빠른 움직임을 하지 않아도 될 경우는 정적인 움직임의 높낮이, 반복의 횟수, 한 포인트만을 빠르게… 등등의 방법을 활용해 본다. 명심해야 할 점은 '느리게'를 강조하려면 '빠르게'가 많아야 하며, 반대로 '빠르게'를 강조하고자 하면 느린 움직임으로 길게 끌어 가다가 짧은 순간에 '빠르게'를 보여 주면 더 강조된다. 이처럼 적절한 조율은 자신의 몫이다. 무엇을 강조할 것인지를 결정하는 판단력은 창작자, 안무자가 지녀야 하는 필수적인 능력이자 조건이다.

3) 오브제의 상징성으로 주제 구축하기

앞 단계들에서는 미세한 표현, 구체적인 매칭 연습을 위해 오브제를 활용했다면 본 단계에서는 완전하게 자신의 표현을 강조하기 위한 임팩트 있는 오브제를 선택하고 활용하는 방법을 익힌다. 즉, 자신이 표현하고자 하는 주제를 암시하거나, 나와 역할의 연결고리로 활용하고자 할 때 상징적인 오브제 활용은 여러 의미를 하나로 함축시킨다는 점에서 매력적이고 세련된 느낌을 준다. 사용되는 오브제에 어떤 의미를 부여할 것인지를 구체화하고 집요하게 사용함이 중요하다. 자신과 맞는 오브제를 선택해 본다.

제시 – 붉은 고무줄 활용하기

- 의자 활용하기

– 선풍기 바람 활용하기

– 마스크 활용하기

– 두 사람이 동시에 같은 오브제 활용하기

ex: '복수 때문에 불행한 햄릿'

방법 ① 붉은 고무줄을 자유롭게 활용하여 연기와 움직임을 한다.

자신이 이 고무줄을 어떤 의미로 활용할 것인지를 결정한다.

고무줄에 집착한다.

의미 안에서 자유로운 활용이 필요하고 가장 좋은 선택을 한다.

　자신을 자꾸 끌어당기는 복수의 힘, 복수를 향한 욕망을 표현하기 위해 붉은 고무줄을 활용하였다. 복수에 대한 갈등이 느껴지고 자신의 의지보다 누군가에 의해 복수의 지시를 받는 듯하다. 아마도 돌아가신 아버지의 망령이 아닐까?

　남자무용수의 에너지와 길고 붉은 고무줄이 잘 어우러지고 있다. 고무줄을 큼직하게 사용하는 모습이 상징성을 증폭시켜 준다. 또한 뒷모습이 더 강한 느낌을 준다. 다양한 방법으로 고무줄을 활용해 보며 어떠한 의미로 사용하더라도 적극적이고 집중력 있게 활용해 보는 것이 중요하다.

의자를 자유롭게 활용하여 연기와 움직임을 한다.

이 의자를 어떤 의미로 활용할 것인지를 결정한다.

의자에 집착한다.

　의자 활용은 어떤 작품에서도 매우 많다. 햄릿을 표현하기 위한 남자무용수의 의자 활용은 햄릿의 마음상태를 표현하였다. 불안한 마음이 드러난다. 아버지 죽음에 대한 의혹, 어머니에 대한 의심, 죽느냐 사느냐 그것이 문제로다, 복수를 해야 한다, 밤마다 나타나는 아버지의 망령…… 등등에 휩싸인 불안함을 의자로 표현해 본다.

　첫 번째 사진에서 의자 위에 한 발로 중심잡고 있는 남자무용수의 불안한 자세는 자신이 떨어질지 모른다는 불안함이다. 두 번째 사진은 좀 더 안정적이지만 의자가 떨어질 것 같은 불안감이다. 의자의 활용을 어떤 의미로 연결시키려는지 결정한 후 활용해 본다.

방법 ③ 선풍기 바람을 활용하여 자유롭게 연기와 움직임을 한다.

선풍기 바람을 어떤 의미로 활용할 것인지를 결정한다.

움직임 표현법 2 인물 표현을 위한 실행단계

　선풍기 바람에 옷깃이 날리고 몸이 밀리는 모습을 표현한다. 또한 가슴으로 바람을 맞기도 한다. 쉽게 바람에 밀려가지 않음을 나타내며 오히려 첫 번째 사진은 바람을 막으며 바람 쪽으로 뛰어들 기세다. 결국 목표는 선풍기 쪽에 있음을 의미한다. 오필리어를 구해야 할지, 아버지의 망령이 무어라 이야기하고 있는지 등을 표현할 때 활용될 수 있다. 마지막 사진은 자포자기의 느낌, 엄마를 용서하고 받아들인다는 의미의 표현, 이 바람 속에서 견뎌보겠다는 의지… 등을 표현한 것으로 볼 수 있다. 자신들이 바람을 활용하면서 가장 적절한 의미와 그에 맞는 활용 방법을 찾는 것이 이 과정에서 취해야 할 목표다.

방법 ④ 마스크를 활용하여 연기와 움직임을 시도한다.

마스크를 어떤 의미로 활용할 것인지를 결정한다.

마스크의 방향성을 생각한다.

마스크를 사용할 경우 흔히 이중적인 표현이 필요할 때이다. 이중적이라 함은 내면과 외면을 표현해야 할 때를 의미한다. 마스크 사용은 때로 심한 규율을 깨고 자유로움을 누리기 위한 카니발에서 자신들의 얼굴을 가리기 위한 목적, 다른 인물로 변장하기 위함의 수단으로 사용된다. 한편, 마스크는 두 사람의 연기가 필요할 때 사용하기도 한다.

마스크를 쓰면 무용수 자신의 표정이 감춰지고 마스크의 표정으로 부동되기 때문에 적당한 목적에 활용하도록 해야 한다. 또한 마스크는 방향감이 중요하다. 마스크를 썼음에도 불구하고 쓰지 않을 때와 똑같은 얼굴 방향이 되면 의미가 상실된다. 마스크의 방향성을 생각해서 움직임을 시도해야 함을 명심할 필요가 있다.

위 사진에서 팔짱을 끼고 고개를 갸우뚱한 모습은 햄릿이 극중극을 하면서 이런저런 재미있는 행위를 표현할 때 활용하면 적절할 것이다.

방법 ① 붉은 고무줄을 자유롭게 활용하여 연기와 움직임을 한다.

고무줄을 어떤 의미로 활용할 것인지를 결정한다.

고무줄에 집착한다.

　오필리어는 붉은 고무줄을 이루어질 수 없는 인연의 끈으로 활용하였다. 온몸을 붉은 고무줄로 감은 것은 자신이 인연의 끈을 놓치고 싶지 않음을 의미한다. 반대쪽에서 자꾸 고무줄을 당겨서 끊으려는 힘이 강하게 느껴지고 그것을 버티려는 여자무용수의 에너지가 몸의 유연성과 굴곡으로 강하게 어필되고 있다. 햄릿과의 인연의 끈은 이루어질 수 없는 불행한 끈임을 의미하기 위해서 붉은 색이 적절하다. 결국 피를 볼 수밖에 없었던 두 사람의 인연이라고 생각하면 잘 선택한 오브제이다.

방법 ② 의자를 자유롭게 활용하여 연기와 움직임을 한다.

의자를 어떤 의미로 활용할 것인지를 결정한다. 의자에 집착한다.

　의자는 나만의 공간이라는 의미로 활용해 보았다. 첫 번째 사진은 이 공간에서 떨어지는 순간 불행이 다가올 것에 대한 암시로 불안한 공간처럼 표현되었다. 애처롭게 바라보고 있는 것은 햄릿이 스스로 괴로워하는 모습을 지켜 보며 어쩔 도리가 없는 지금의 난감한 상황을 슬픈 나만의 공간으로 표현하였다.

　두 번째 사진은 내 공간에서 햄릿의 모습을 지켜보며 달려가고 싶으나 좀 더 냉담하고 힘겹게 자제할 수밖에 없는 오필리어만의 유일한 공간으로 활용하였다. 원숭이 이미지가 느껴진다.

방법 ③ 선풍기 바람을 활용하여 자유롭게 연기와 움직임을 한다.

선풍기 바람을 어떤 의미로 활용할 것인지를 결정한다.

바람에 집착한다.

선풍기 바람을 활용할 때 첫 번째 사진은 바람을 거부한다는 정도의 표현이다. 두 번째 사진은 점점 바람에 밀리고 있음을 표현하였다. 세 번 째 사진은 강하게 밀려서 뒤로 쓰러지기 직전의 모습이다. 점점 상황이 급박해지고 있음을 표현할 때 선풍기 바람만으로도 가능함을 보여준다. 바람의 세기가 급박한 상황을 증폭시켜 주면서 무용수의 변화가 확실하게 느껴진다. 이렇듯 오브제의 활용은 모든 상황을 함축하는 장점이 있다. 많은 것을 보여주지 않아도 생략과 절제에 의해 가장 표현되어야 할 point를 임팩트 있게 상징적으로 표출해 준다.

방법 ④ 마스크를 활용하여 연기와 움직임을 한다.

마스크를 어떤 의미로 활용할 것인지를 결정한다.

마스크의 방향성을 생각한다.

거울 앞에서 마스크는 두 개로 보인다. 물론 한 사람이지만 두 사람, 또는 나의 내면과 외면이 대화를 나누는 것으로 보이는 듯하다. 다음 사진들을 보면 마스크로 인해 몸의 표정이 확실하게 보인다. 마스크 없이 얼굴의 표정만 보였다면 몸으로의 집중이 덜 했을 것이다. 어떤 움직임을 해도 같은 표정을 짓는 마스크의 특성은 몸의 느낌을 강조한다. 묘한 매력을 주며 일관성 있는 표정과 변화되는 감정의 몸짓이 서로를 부각시켜 준다.

방법 ① 붉은 고무줄을 자유롭게 활용하여 연기와 움직임을 한다.

두 사람의 관계를 생각하며 움직인다.

상징성을 지속시킨다.

움직임 표현법 2 인물 표현을 위한 실행단계

　인연의 끈과 복수를 위한 욕망의 끈으로 각각 사용한 붉은 고무줄을 동시에 사용해 보았다. 두 사람이 사용할 때에는 서로 간에 당김과 밀림이 정확해야 하고 어색하지 않아야 한다. 첫 번째 사진은 고무줄에 대한 집착과 앞으로의 일들이 순탄치 않음을 암시한다. 두 번째 사진은 냉정한 말의 버팀 속에서 줄에 걸려 있는 원숭이의 모습을 표현한다. 세 번째 사진은 끈을 당겨서 햄릿을 잡고 싶은 오필리어와, 가고 싶지만 갈 수 없어서 버티는 햄릿의 상태를 상징화한 표현이다.

　각각 고무줄을 사용할 때와는 달리 사용하는 데 어려움이 생겨난다. 그러나 중요한 것은 사용한 줄에 대한 집착과 의미를 부여하는 문제다. 왜 고무줄을 사용했는지, 고무줄을 사용함으로써 어떤 움직임이 강조되었는지, 어떤 의미가 부여되었는지, 절제와 생략으로 세련된 표현이 되었는지를 검토해 보도록 한다. 무엇보다도 마지막까지 고무줄을 사용하는 것이 나의 움직임을 표현하는 데 도움이 되는지를 판단하고 결정해야 한다.

방법 ② 의자를 자유롭게 활용하여 연기와 움직임을 한다.

두 사람이 이 의자를 어떤 의미로 활용할 것인지를 결정한다.

두 사람의 관계를 생각한다.

움직임 표현법 2 인물 표현을 위한 실행단계

　　원숭이, 말의 상징성과 의자의 매칭이 자연스럽다. 작은 물체와 큰 물체가 대조되고, 서로가 더 이상 가까워질 수 없는 장벽 같은 의미로도 활용될 수도 있다. 감정이 절제된 남자무용수와 감정이 풍부하게 표출되는 여자무용수의 대조도 의도된 연출로 느껴지게 한다. 의자 자체로는 그 어떤 의미가 따로 담겨지지 않지만 남녀 무용수의 움직임을 볼륨감 있게 만드는 소품이다. 여자를 더 여자답고 새끼 원숭이의 연약함으로 표현하게 만들고, 남자를 더 남자답고 냉담한 말처럼 보이게 하는 데 도움을 주는 도구인 셈이다.

선풍기 바람을 어떤 의미로 활용할 것인지를 결정한다.

두 사람의 관계를 생각한다.

두 사람이 함께 움직임을 시도하니 표현이 훨씬 강하게 느껴진다. 두 사람이 같은 방향을 보며 바람을 맞고 있는 움직임의 표현은 바람을 어쩔 수 없이 받아들인다는 느낌이다. 여기에서 두 사람이 마주보며 바람을 맞는 장면에서는 함께 운명을 견디고 싶은 의지를 엿볼 수 있다. 바람에 더 날리는 것이 많은 의상을 입고 움직임을 시도했다면 효과는 몇 배로 증폭되었을 것이다.

방법 ④ 마스크를 활용하여 연기와 움직임을 시도한다.

마스크를 어떤 의미로 활용할 것인지를 결정한다.

두 사람의 관계를 생각한다.

　　남자무용수의 움직임이 한국적 이미지를 자아낸다. 두 사람의 신체 표정이
극대화되고 있다. 마치 대화를 나누는 것 같기도 하며 해학적이기도 하며 말
잔등에 앉은 느낌도 준다. 원숭이의 어쩔 줄 몰라하며 자연스러운 움직임이
수줍고 순수하게 보인다. 마지막 사진은 한국적 이미지가 아닌 서양적 이미지
를 보여 준다. 움직임의 변화를 통해 같은 의상과 같은 마스크를 쓴 같은 두 사
람임에도 불구하고 상반된 시·공간적 이미지를 주고 있다. 이러한 변화를 통
해 어떠한 움직임을 선택해야 하는지, 마스크 때문에 다르게 표출되는 이미지
선택 등을 잘 고려해야 한다는 것을 알 수 있다.

4) 군무를 활용한 '나'를 강조하기

무용작품에서 군무는 여러 가지의 역할을 한다. 정확하고 다이나믹한 동작의 합에 따라 힘을 느끼게 해주거나 어떤 군상으로의 이미지를 보여 준다. 때로는 군무가 조형적인 모습 자체로 거대한 무대 장치나 오브제로 활용되기도 한다. 서로 상반된 움직임만으로도 대립적이거나 안정적인 이미지를 보여 줄 수 있다. 이처럼 안무의 디자인 측면에서 보면 군무의 활용도는 매우 다양하다.

그런데 군무는 어떠한 상황을 나타내거나 한 인물을 부각시키려는 상황에서도 중요한 역할을 한다. 자신을 드러내고 나의 움직임과 이질감이 생기지 않도록 군무를 활용해 본다.

제시 – 군무를 움직이지 않게 하기

– 군무를 움직이게 하기

– 군무를 오브제로 활용하기

방법 ① 군무를 움직이지 않게 하기 위해 상황에 맞는 포즈를 제시하고 남자무용수는
움직이며 연기한다.

햄릿이 자신을 강하게 어필하기 위해 군무를 활용한다.

햄릿이 군무와 접촉하며 움직이도록 했을 때 각각의 반응은 자연스럽게 움직임이
이루어지도록 한다.

　군무에 의한 인물의 부각이나 상황의 증폭은 혼자 표현했을 때보다 효과가 클 가능성이 높다. 그러나 반대의 결과를 초래하기도 하는 경우도 있다. 즉흥에 의한 경우여서 실패율이 높았지만 인물이 '햄릿'임을 알게 해주는 망령들의 부름은 매우 좋은 장면이었다. 햄릿의 즉흥적 움직임과 자신의 초목표대로 적용시켜 나가는 모습이 앞 과정들을 잘 진행하였기 때문에 얻은 결과이다. 군무를 실행하는 동료들은 상황을 부여하자 망령의 소리를 내고 싶어졌다고 했다. 군무를 통해 감정을 환기한 장면은 서로가 시너지 효과를 얻었기 때문이다. 이 적용하기 과정에서는 극이 구성된 느낌을 받을 것이다. 지속해온 캐릭터와 주제성을 잃지 않고 진행해 왔기 때문이다.

방법 ② 군무를 움직이도록 하기 위해 템포, 동작을 제시해 준다.

동선은 자유롭게 하거나 아니면 지정해 준다.

남자무용수는 한 area를 정해 놓고 움직이지 않으면서 제자리에서 연기한다.

햄릿의 움직임은 미세하게 시도하기도 하고, 움직임이 많을 때 군무는 되도록 움직이지 않게 한다.

각각에게 움직임의 즉흥을 시도하게 하지만 햄릿의 움직임 확장을 방해하지 않도록 유의한다.

방법 ③ 군무를 오브제로 활용하려면 종류, 위치, 용도, 역할 등을 정해 준다. 이들 요소들에 변화를 주려면 타이밍을 새로 정해 준다.

군무에 역할이 주어진다면 감정이나 대사 등의 절제가 필요하다.

햄릿의 특징을 부각시키고 도움을 줄 움직임을 지정해 준다.

확신 없이 마음대로 움직이지 않는다.

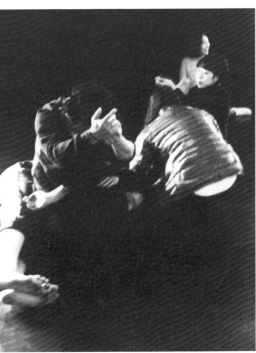

방법 ① 군무를 되도록 움직이지 않도록 하기 위해 상황에 맞는 포즈나 미세한 움직임을 제시하고 오필리어는 움직이며 연기한다.

오필리어에 의한 자연스런 즉흥을 받아서 움직임을 시도할 수 있을 때 그것을 활용한다.

자신에게 필요한 쪽으로 유도하는 연습을 한다.

 적용하기 과정을 통해 자신이 무대에서 누구에 의해 보여질 수 있다는 사실을 다시 한 번 생각하게 될 것이다. 그만큼 무용작품에서 군무의 역할은 큰 비중을 차지한다. 그러나 지금의 과정에서 최고의 목표는 인물을 표현하는 방법의 모색이다. 이 목표를 충족시키기 위해 다양한 시도를 하고 있는 중임을 명심하고 집중한다. 그래서 군무가 어떠한 군상의 역할이나 오브제로 활용되기를 제시하는 것이다. 기존 무용작품에서 군무는 지금의 초 목표를 흐리게 할 확률이 크다. 이 과정을 통해 인물 표현에 자신의 메소드가 생기기 시작하면 군무 안에서 그 방법을 활용할 수 있다.

방법 ② 군무를 움직이도록 템포, 동작을 제시해 준다.

동선은 자유롭게 하거나 지정해 준다.

여자무용수는 한 area를 정해 놓고 움직이지 않고 제자리에서 연기한다.

어떠한 소리를 통해서 군무와의 약속된 상태의 동작을 시도하거나 이동한다.

전체의 합을 통해서 주제가 만들어지는 연습을 한다.

군무라고 해서 무리가 동시에 움직이지는 않는다.

한명씩 움직이는 방법도 활용해 본다.

움직임 표현법 2 인물 표현을 위한 실행단계

　첫 번째, 두 번 째 사진은 군무들이 한명씩 햄릿에게 접근하여 복수에 대한 갈등을 고조시키기 위해 망령으로 등장하는 장면이다. 템포 변화를 처음 사람에게는 '천천히'로 제시하였고, 다음 사람부터 템포를 조금씩 빠르게 진행했다. 그 결과 햄릿의 갈등구조가 생겨났고 클라이막스의 상태가 부각되기 시작했다.

　세 번째 사진은 군무에게 서서히 같은 동작을 따라하게 한 장면이다. 손을 입쪽으로 대고 '돌리고 불고' 하는 동작을 반복하게 하면서 전체가 전염되듯이 동작을 따라한다. 결국 그 동작은 햄릿이 간헐적으로 해 오던 동작이었다. 햄릿을 알리기 위한 반복적인 동작이다. 이러한 상징성과 반복성을 통해 인물의 성격이 구축될 수 있으며 군무의 중요성을 깨닫게 된다.

방법 ③ 군무를 오브제로 활용하기 위해 종류, 위치, 용도, 역할 등을 정해 준다.

변화를 주어야 할 때는 그 타이밍을 정해 준다.

자신을 의식할 때와 의식하지 않을 때를 인지하고

움직임의 변화를 체크한다.

움직임 표현법 2 인물 표현을 위한 실행단계

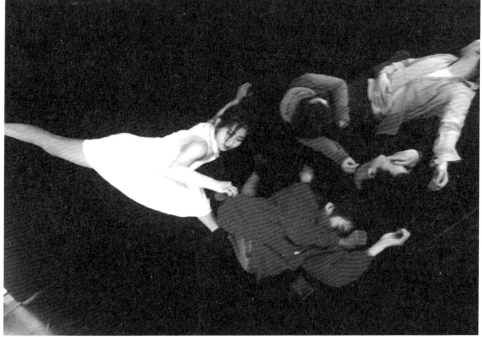

무용작품에서 무용수는 '춤추는 사람'만으로 존재할 수는 없다. 무용수가 어떠한 오브제로 활용되었다면 '그 오브제를 왜 무용수한테 하라고 했을까?'를 생각해 보라. 그러면 답은 명확하다. 무용수의 움직임을 통해 오브제가 살아 움직이기를 바라는 것이다.

건물이 지어지는 공사장 배경이 있다고 하자. 무용수들이 그 공사장에 지어지고 있는 건물의 일부라면 그 공사장에서는 어떤 일이 일어날지 상상할 수 있다. 움직이는 건물의 일부와 그 어떤 사건들이 펼쳐질 것이다. 무용수의 몸과 움직임에 따라 건물이 지어지고 사건이 생기는 연출이라면 이 또한 단순한 오브제는 아니다. 춤추는 오브제라고 할 수 있다. 움직이는 오브제와 인물들의 만남은 또 다른 재미를 줄 것이다. 거액의 구조물을 세워 두고 배경으로만 활용되는 무대장치를 생각하면 살아있는 무대세트와 그에 따른 움직임의 조화는 기대될 것이다.

이 적용하기 과정을 통해서 무용수의 신체를 활용한 다양한 표현 방법을 경험하며 자신만이 실연할 수 있는 방법을 터득해 나갈 수 있다.

5) 평가하기

자신이 구축해 낸 캐릭터를 움직임으로 만들고, 이를 사실적인 부분과 상징적인 표현에 자연스럽게 접목시켜 표현해야 한다는 것이, 지금까지 반복해서 강조한 움직임 표현의 핵심이다. 인물을 표현하는 데 있어서 어려웠던 점은 우선 접근 방법이다. 시작지점이 불분명하기 때문에 움직임으로만 인물을 표현했다면, 이제는 그 인물의 '특징'과 인물을 '비유할 수 있는 또 다른 상징성', 그리고 '감정'까지 불어넣는 연습을 한 본 과정은 시작지점의 불분명한 상태를 벗어나는 데 많은 도움이 되었을 것이다.

그러나 연습단계에서 실행단계까지를 겪는 동안 자신이 가장 힘들어 한 부분이 당연히 있을 것이다. 그러한 과정에 대해 논의하고 서로의 의견을 듣는 과정은 매우 중요하다. 적용하기에서 보여 준 인물의 캐릭터가 타인의 눈에는 어떻게 보여질지 의견을 듣고 자신의 생각과 공유하는 시간이 바로 평가하기 단계이다.

이 과정에서는 자신이 볼 수 없었던 부분이 발견되거나 내가 풀리지 않던 동작들이 또 다른 방법에 의해 풀릴 수도 있다. 또한 초 목표에 얼마만큼 적용되어 동료들, 지도자가 충분히 공감할 수 있을지에 대해 집중해야 한다. 이 과정에서 인물 표현의 완성도를 최대한 높여야 하며, 동시에 자신이 어려웠던 문제를 해결하도록 노력해야 한다. 그러나 자신의 의지가 무너져서는 안 된다.

적용하기 과정은 많은 것들이 구축되어진 상태이다. 앞서 언급한 정서까지도 벌써 확연하게 정해 놓았을 것이다. 그래서 초 목표를 달성할 수 있어야 한다. 또한 움직임의 응용, 확장을 통해서 자신만의 상징이 하나의 프레이즈로 완성되었기 때문에 가장 익숙한 움직임이 되었을 것이다. 또한 반복의 중요성을 강조했으므로 앞의 과정에서도 템포, 오브제 등을 활용하여 다양한 방법으로 반복되었을 것이다. 그러하다면 적용하기에서는 그 반복에 대한 적절한 분배와 조율이 필요하다. 이때 검토해야 할 세부사항으로는 프레이즈의 길이가 너무 길거나 너무 짧은지, 상징적 움직임이 지나치게 흉내 내기에 그친 것은 아닌지, 템포가 끝까지 일정한 것은 아닌지, 오브제 활용이 지나치게 식상한 것은 아닌지 등등을 거론할 수 있다.

예를 들어, 오브제에 대한 집착을 잘못 이해하여 처음부터 끝까지 오브제에서 벗어나지 못하여 답답함을 주는 경우가 있는가 하면, 단 한 번도 오브제를 만지지 않았음에도 불구하고 오브제의 힘이 크게 느껴지는 경우도 있다. 그렇기 때문에 집착이라는 의미를 잘 이해해야 한다. 나의 표현에 반드시 필요한지 여부와 활용 방법과 그 범위에 대한 타당성을 최종적으로 검토해야 한다.

반복은 매우 중요하다. 그러나 반복이 지루함을 준다면 거기에는 어떤 이유가 반드시 있다. 반복의 지루함이 분명한 의도일 때가 있는데, 그런 경우 외에는 지루함의 원인을 찾아야 한다. 대부분 경우 움직임의 분배, 조율에 지루함의 원인이 있다. 프레이즈 길이가 일정하면 프레이즈 자체가 프레이즈로 느껴지지 않는다. 너무 짧은 프레이즈도 지루함을 주는 원인으로 지목될 수 있다. 반복의 지루함을 없애려면, 응용 움직임에 의한 반복에다 템포의 변화나 호흡 사용의 변화를 주면서 움직임을 반복하는 등의 다양한 방법을 적절하게 활용해야 한다. 하지만 지루하다고 해서 잘 만들어 놓은 상징적 움직임의 프레이즈를 해체하는 일은 없어야 한다.

적용하기 과정을 마치고...

적용하기 과정을 마치고 나면 인물의 캐릭터를 부각시킬 정서에 대한 확신이 생겨야 한다. 적용하기는 내적 정서와 외적 표현 형태로 인물을 표현하기 위해 상상력의 도움을 받아 캐릭터를 완성하는 과정이다.

주의점1. 이 과정에서는 초 목표를 잃지 말고 완성해야 한다. 이 과정에서는 덜어 낼 것과 더 부각시킬 것들을 과감하게 결정해야 한다.

주의점2. 대사, 오브제의 활용에 따라 목표가 부각될 수 있지만 과도하게 사용하면 해가 될 수도 있다.

2

표현하기

'표현하기'는 자신이 선택한 인물이 어떤 캐릭터로 설정되면, 집중력 있는 상징성에 감정을 담아 특정한 상황에 의거해서 직접 표현하는 단계이다. 표현하기는 공연처럼 무대나 연습실에서 자신이 의도한대로 자신 있게 표현해 나가야 한다.

여기서 중요한 점은 앞 단계에서 많은 연습을 통해 얻어낸 결과로 픽스시켰으나 표현하는 과정에서는 자발적인 어떠한 행위나 느낌이 생겼을 때 주저않고, 이를 움직임으로 실행해 나가야 한다는 것이다. 행위의 자발성이 완전한 결과물에 가깝기 때문이다. 그동안의 단계를 진행하는 과정에서 자신이 중심사상을 지닌 채 움직임을 취하면서 감정을 잡아 나갔기 때문에 의도에서 벗어나지 않으려는 충동이 생길 것이다. 표현하기 단계에서는 한치의 실수도 없어야 한다. 하지만 자신의 감정의 증폭이나 움직임의 느낌, 자세, 대사 톤 등에서는 오차를 보일 수 있다는 사실에 유념한다.

본 단계는 관객이 있는 상태에서 표현하는 것이니만큼 자신이 설정한 캐릭터가 관객들에게 얼마만큼 전달되며 감동으로 이어질 수 있는지 여부를 타진해 볼 수 있는 시간이다. 표현하기를 통해 관객의 분위기에 따라 움직임을 표현하는 데 변화가 있음을 느끼게 될 것이다. 표현하기에서는 관객과 무언의 소통이 이루어져야 한다. 이것은 결국 상황에 따라 자신만의 햄릿, 오필리어를 창조해낼 수 있어야 한다는 의미이기도 하다.

스타니슬랍스키의 신체적 행위법(표현법)에서 다양한 범주의 행위를 유기적으로 포괄하여 배우의 역할 창조를 견인하는 것, 즉 배우의 인물 창조는 연출가나 기존 인물에 의해서 창조되는 것이 아니라 배우 자신으로부터 될 수 있다는 것이다(홍재범, 2004). 이 단계까지 도달하며 활용된 많은 영역의 범위 내에서 자신의 행위를 발휘해 본다.

관객과 동료와 소통하기 → 공간 활용에 따른 변화 알기 → 무용과 연기를 결합한 표현 → 평가하기

1) 관객 및 동료와 소통하기

여러 상황에 따라 표현이 다르게 느껴진다. 또한 상황에 따라 표현하는 사람도 다른 느낌으로 움직임을 표현한다. 그러한 상황에서 행위자는 어떤 사건이 일어나는지, 보는 자의 입장에서는 제시하는 방법에 따라 같은 움직임일지라도, 변화된 행위의 느낌이 어떤지를 이야기 나누어 본다. 또한 자신의 표현을 위해 동료들과 함께 미리 약속한 움직임들을 표현하면서 앙상블 연습과 '나' 자신을 어필하는 데 도움을 받도록 한다.

이 표현하기 과정은 사실 많은 부분이 결정된 상태이다. 또한 표현하기는 동료, 관객 앞에서 직접 실행시키는 과정이다. 그러므로 표현하기 과정에서는 자신만의 이해와 감동은 바람직하지 않다. 동료들과의 소통과 이해를 통해 표현하였을 때 관객의 공감과 감동, 평은 마지막의 결과이다. 이 과정을 통해 동료들과의 소통과 관객의 이해, 공감 등을 충분히 느낄 수 있어야 한다. 움직이는 과정에서 느낄 수 있고 표현하기를 끝낸 후에도 느낄 수 있어야 한다.

제시 - 관객이 있는 상태에서 각각 표현해 본다.

- 관객이 있는 상태에서 동시에 표현해 본다.

- 동료와의 약속된 접촉에 의해 표현해 본다.

- 구체적으로 자신을 표출하기 위한 임팩트 있는 대사, 동작을 관객에게 어필하여 클라이막스를 만들어 본다.

방법 ① 작은 소극장으로 여기며 몇몇의 관객 앞에서 햄릿을 표현한다.

관객들이 앉아 있는 범위 내에서 움직인다. 평소에 연습할 때와 다른 점을 체크해 본다.

관객 없이 연습할 경우 앞뒤의 방향감각에 부담은 없으나 관객을 생각하며 움직이다 보니 어색한 부분들이 생겨날 공산이 크다. 또한 긴장감이 더하고 템포가 급격하게 빨라지는 경우도 생긴다. 마무리가 생각했던 만큼 깔끔하게 이루어지지 않을 수도 있다. 그리하여 본인들이 의도한 대로 인물을 표출하는 과정에서 초 목표를 상실하는 경우도 생긴다. 누군가가 보고 있고 모두 본인의 움직임에 집중하고 있다는 것을 의식하면 머릿속이 백지상태가 된다는 사람도 있고 연습 때보다 느낌이 훨씬 살아난다는 사람도 있다. 이는 무대 경험 유무에서 오는 차이이기도 하고 타고난 예술적 끼, 무대 장악 능력 같은 스타성에 의한 차이다.

표현하기 단계의 시작부터 관객과의 거리감이 두드러지게 생겨난다. 표현하기에서 '관객과의 소통'이라 함은 관객이 나의 표현에 집중할 수 있도록 만드는 것, 나의 감정과 호흡을 느껴 한공간에서 같은 느낌으로 공유하는 상태를 가리킨다. 그런데 분리된 공간, 집중되지 않는 분위기 등이 만들어진다면 표현하는 자가 미숙한 것이다.

우리가 표현하기 과정에서 가장 집중도 있게 표현해야 할 부분과 관객의 입장에서 느낀 점, 동료의 입장에서 서로 체크해 줌으로써 행위자이자 관람자, 동료가 되어야 한다.

방법 ② 관객 앞에서 동료와의 약속된 접촉을 통해 관객들의 소리, 추임새 등에 의한
표현을 해본다.

관객은 휘파람소리를 내주고 약간의 움직임으로 추임새를 넣어 준다.

동료와 미리 구성해 낸 움직임을 접촉을 통해 표현한다.

　　약속된 움직임들이 완성도를 느끼게 해주며 소리에 따라 움직임의 변화가 생기면서 음향효과를 준다. 관객이 소리만 내주는 데도 전체가 참여하는 느낌을 주기 때문에 힘과 화려함이 돋보인다. 두 사람의 접촉은 관계가 느껴지며 긴장감이 강조되고 있다. 군무가 어우러질 때는 한 인물을 살리는 표현이 극대화된다. 연습한 부분들이 작품의 완성도 높은 마무리를 더해 준다. 그러나 인물의 표출이 가려지는 부분도 많이 생기고 있다. 조명과 의상 등의 도움을 받는다면 최대치의 효과를 얻을 수 있다.

방법 ① 작은 소극장으로 여기며 몇몇의 관객 앞에서 오필리어를 표현한다.

관객이 가깝게 있을 때와 멀리 있을 때의 변화를 느낀다.

나의 시선 높이에 대해 생각한다.

움직임 표현법 2 인물 표현을 위한 실행단계

관객이 가깝게 앉아 있을 때는 움직일 수 있는 동선이 짧다. 그렇기 때문에 시선을 멀리 보거나 위로 보는 정도로도 관객에 대한 부담감을 줄일 수 있다. 그런데 관객이 멀리 앉아 있어서 움직임의 동선이 커지면 관객에게서 최대한 멀리 떨어지려고 하고 관객에게 뒷모습을 보이는 경우가 많아진다. 이같은 경향은 연습과정에서 자신들이 위치나 방향을 설정하지 않았기 때문이라는 사람도 있었고, 관객에게 가깝게 다가서는 것이 부끄럽고 부담스럽기 때문이라고 말하는 사람도 있었다. 미친 오필리어를 표현하는 데 있어서 관객에 대한 부담감으로 최대한 표출되지 않으면 캐릭터 표현에 문제가 발생한다. 단순한 기능적 동작을 나열하여 표현하는 것이 아니라 움직임과 감정, 상황들이 분위기를 유도해 내면서 캐릭터를 표현해야 하기 때문에, 관객과의 시선 마주치기(eye contact), 관객과의 감정 교류는 매우 중요하다. 지나치게 시선을 높게 처리하거나 일부러 관객을 피하려고 하는 모습은 관객과의 감정적 교류를 방해하는 프로답지 못한 행동이다. 또한 이 같은 소극적인 태도는 자신을 표출하는 데 장애가 된다. 소극장만의 특징과 장점, 대극장만의 특성과 장점을 살리는 것은 오로지 본인의 문제해결 노력과 적극적인 태도에 달려 있다.

방법 ② 관객 앞에서 동료와 약속된 움직임을 시도하면서 관객들의 소리, 추임새 등
에 의해 표현해 본다.

관객은 휘파람소리를 내주고 약간의 움직임으로 추임새를 넣어 준다.

동료와 미리 구성한 움직임을 접촉을 통해 표현한다.

움직임 표현법 2 인물 표현을 위한 실행단계

　햄릿이 리드해 나갈 때와 오필리어가 리드해 나갈 때 각각 다른 현상이 나타난다. 남자의 리드와 여자의 리드에서 오는 차이다. 남자의 리드는 여자를 당기고 드는 움직임이 약속된 상태에서 전체를 리드해 나가는 반면, 여자의 리드는 좀 더 편안하게 진행되며 사실적인 행위가 많았다. 관객의 입장에서는 여자들의 리드를 재미있어 하는 경향이 강하다. 일상적인 행위와 표정, 고함, 대사, 오브제 사용 등에서 예기치 못한 실수와 재미가 더해진다. 그러다 보니 무용적 움직임이 배제되는 현상이 생겨난다. 이러한 현상은 반드시 체크하고 넘어가야 할 부분이다. 단순한 제스처나 마임에 가깝게 표현된다면 우리의 목표와 표현 방법 연습은 의미를 상실하고 만다. 앞서 저질렀던 실수를 거듭해서는 안 된다.

방법 ① 햄릿과 오필리어가 함께 표현한다.

대화하듯이 표현하고 움직임이 지나치게 무용적 기능으로 표현되기보다는 관계와 감정에 중점을 두고 표현하도록 약속한다.

사실적인 표현과 상징적인 표현을 구분해 보고 표현효과에 대해 논의해 본다.

-남자(햄릿)와 여자(오필리어)의 사실적인 느낌을 주는 움직임-

-사실적인 움직임이 상징적인 움직임으로 바뀌고 있다.-

- 말(햄릿)과 원숭이(오필리어) -

-선인장(햄릿)과 코스모스(오필리어)-

두 사람의 움직임에서 관계, 상황을 느낄 수 있다. 표현하기 과정에서 가장 잘 나타나야 할 인물, 즉 캐릭터의 명확함, 즉 햄릿과 오필리어의 특징이 살아 있고 관계가 드러난다면 성공적인 표현이라고 할 수 있다. 반드시 '햄릿, 오필리어'를 알아내기보다는 설정한 의도가 잘 표출되는 이미지를 찾아내는 것이 더 중요하다.

-선인장(햄릿)과 흰 손수건(오필리어)-

첫 번째 사진부터 마지막 사진까지를 살펴보면 사실적인 표현에서 점점 상징적인 표현으로 진행되고 있음을 알 수 있다. 마지막 사진은 응용하기에서 만들어 보았던, 오필리어를 흰 손수건으로 설정해서 흰 원피스를 입고 바닥에 누워 있게 만들고, 손가락들은 선인장을 상징화시켜 햄릿의 특징을 표현한 경우이다. 첫 번째 사진과 비교하면 매우 상징적임을 알 수 있다. 같은 인물을 표현한 것인데도 제시에 따라 느낌이 매우 다르다. 한 인물을 표현하기 위해 상징적인 표현에서부터 사실적인 표현으로까지, 또는 사실적인 표현에서 상징적인 표현으로까지 연습하여 최종적으로 내가 선택한 것을 존중하여 공연에서 실연시키도록 해야 한다.

2) 공간 활용에 따른 변화 알기

공간 활용에 따른 행위자와 관람자의 변화를 느껴본다. 인물과 캐릭터가 가장 뚜렷해 보이는 공간과 그 반대의 공간 활용을 찾아본다. 이동이 많고 적음, 동작이 작고 큼, 연결 템포의 느리고 빠름을 각각 경험해 본다. 이를 통해 같은 움직임에 부여한 변화이지만 행위자 입장에서 캐릭터를 표출시키는 데 가장 적당한 변화의 요소들을 찾아내야 한다.

제시 - 연습실 전체를 활용하여 표현한다.

- 한 곳을 지정하여 그 안에서만 표현한다.

- 의자를 놓고 올라가서 높은 공간에서 표현한다.

- 벽에서 표현한다.

- 갇힌 공간에서 표현해 본다.

방법 ① 공간에 구해 받지 않고 자유롭게 연습실 전체를 활용하며 햄릿을 표현한다.

자신이 만들어 놓은 움직임들을 공간 사용에 따라 어떻게 변형시켜야 하는지 인지
해야 한다.

공간을 자유롭게 사용하였을 때 자신의 집중력이 흐트러지지 않아야 함을 명심하여야 한다. 또한 군무로 인한 공간 확장에서는 리드자의 유도가 매우 중요하다. 자신의 의도대로 움직임을 펼쳐나가는 데 문제가 생기면 동료들에게 요청하고 이해를 구한다. 모든 곳이 무대가 될 수 있으며 상황에 따라 대처해 나가는 능력이 필요하다. 다양한 형태로 공간을 활용하면서 자신의 캐릭터를 살리기 위한 시공간에 대한 확신을 가져야 한다. 연습실 전체가 무대로 사용되면 산만하고 동선이 확장되기 때문에 자신을 집중할 수 있는 에너지가 필요하다. 이때 어떠한 모티브에 의해 군무를 의도대로 이동하거나 멈추게 할지에 대한 자신만의 방법을 모색하면서 표현하기 과정에서 완전하게 실행시켜 보아야 한다. 본격적인 표현하기에 들어가기 전 약속해야 될 부분들을 결정하고 의견을 나누어 문제없이 진행되도록 한다.

방법 ② 군무와 소외된 공간에서 표현한다.

내가 생각하는 소외된 공간의 의미는 무엇이었는지 생각해 본다.

소외되어 표현할 때 자신의 움직임 확장에 대해 체크해 본다.

군무와 떨어져 있을 때에는 반드시 이유가 있다. 자신을 군무와 대립 구도로 설정했을 때, 나를 어필하기 위해 또 하나의 공간으로 이동하는 것일 수 있고, 아니면 강함 또는 약함을 강조하기 위한 것일 수도 있다. 하지만 이 경우에도 군무를 완전히 무시해 버리면 안 된다. 군무에 의해 자신이 더 강하게 또는 더 약하게 그리고 부각될 수 있기 때문이다. 결국 군무와의 관계가 만들어지지만 반드시 사람과 사람 사이의 관계여야만 하는 것은 아니다. 군무가 커다란 조형물로 표현될 수도 있다. 이 경우 조형물에서 떨어져 나온 것에 생명력을 불어 넣고 에너지를 사용하여 어떠한 의도를 표출할 수 있다.

또한, 모두 바닥에 엎드려 있는데 자신만 서 있거나 원 밖을 향해 지속적으로 걸어가고 있는데 나만 원 안에서 움츠리고 있다면 나에 대한 시선이 강하게 와 닿게 될 것이다. 이 경우 나는 '무엇을 할까? 왜 혼자만 다를까? 어떤 움직임을 할까?' 등등의 호기심을 갖게 될 것이다. 그같은 호기심을 유도해 내는 목적에서 자신을 소외시키는 것이다.

극장에서는 조명에 의해 많은 부분이 강조되며 상황을 쉽게 이해하는 데 도움을 준다. 하지만 연습과정에서 체크하고 지나가지 않으면 자신의 존재가 기대만큼 표출되지 않을 수 있다. 이유 없는 구성적 구색이나 맞추기식 소외된 표현은 필요하지 않다.

방법 ③ 벽에서 자유롭게 햄릿을 표현한다.

벽을 단순한 '벽'으로 사용할 때도 있지만 또 다른 내적 의미를 부여하여 표현해 본다.

벽을 어떠한 상대로 설정하여 표현해 본다.

햄릿은 자신의 갈등을 표현하기 위해 벽을 아버지의 망령으로 설정하고 움직임을 해 나간다.

다양한 템포의 변화를 준다.

벽과 거리를 두고 멀리서 다가가며 움직임을 시도해 본다.

벽을 타고 이동해 본다.

같은 움직임을 사람을 놓고 움직일 때와 벽에 표현할 때 본인의 움직임의 확장에 대해 체크한다.

갑자기 외부에서 소리를 질러 주었을 때 벽을 사용하는 움직임의 변화에 대해 체크해 본다.

　아버지에게 부정하려는 움직임, 아버지의 말이 믿어지지 않아 고민하고 갈등하는 움직임, 꿈에서 깨고 싶고 괴로워하는 움직임들을 볼 수 있다. 벽은 단단하고 움직임이 없는데 그것을 밀고 만지고 바라보며 호소하기도 하고 반항하기도 하는 것은 매우 일방적인 표현이다. 또한 동적 움직임과 정적 움직임을 비교하면 햄릿의 표현이 더 절실하게 강조되고 있음을 알 수 있다. 아무리 애원을 하고 두드려 봐도 반응이 없는 벽이기 때문에 더 화나고 답답해 보인다. 세 번째 사진에서 거꾸로 물구나무를 서서 벽을 보고 있다. 이 움직임은 아무리 애기해도 소용 없으니 거꾸로 서서 나를 보라고 외치는 의도를 담고 있다.

　멀리서 다가가며 움직일 때와 벽을 벗어나지 않고 움직일 때, 느낌의 차이는 크다. 전자는 도전의 느낌, 시도해 보고 설득해 보려는 의도가 보인다. 후자는 집착과 추궁, 강요 등이 강하게 느껴진다. 후자를 택하여 표현하였는데 사람을 두고 접촉 표현을 했을 때보다 오히려 강하게 와 닿았다. 상징성의 매력과 임팩트를 느끼게 해준다는 것을 알 수 있다.

방법 ⑤ bar를 이용하여 벽과 bar 사이에 갇힌 좁은 공간에서 햄릿을 표현해 본다.
여러 움직임을 이어가 본다.

표현하는 데 있어서 갇힌 공간의 필요성을 느껴 본다.

동선의 제한으로 인해 본인들의 움직임에 받은 영향은 어떠한지 체크해 본다.

　움직임을 구성하고 이를 표현하는 과정에서 변화를 주고 있음에도 불구하고 평범하고 평면적인 느낌을 주는 경우가 있다. 특히 지금처럼 캐릭터를 표출해야 할 때는 혼자 또는 단지 무용수들과 협력하는 데 한계가 있게 마련이다. 그럴 때 가장 좋은 방법은 오브제 활용과 뜻밖의 공간을 활용하여 신선하게 의미 전달을 증폭시키는 것이다. 이를 통해 평면적인 움직임에서 벗어날 수 있다. bar를 활용한 부담감과 답답함이 두 사람의 상황을 증폭시켜 준다. 갇힌 공간에서의 움직임은 자유롭지 못하기 때문에 역설적으로 이미지를 강조할 수 있다. 이는 무용수들의 욕심에 의한 의미 없는 동작 남발을 막을 수 있는 훈련방법 중의 하나이기도 하다.

ex. 아버지의 죽음이 사랑하는 햄릿 때문임을 알고 미쳐 버린 오필리어

방법 ① 공간에 구애받지 않고 자유롭게 연습실 전체를 활용하여 오필리어를 표현한다.

floor 전체를 활용한다.

갇힌 공간의 느낌을 주기 위해 bar 안에서 표현하기를 시도한다.

floor나 무대만이 표현의 공간이 될 수는 없다. 갇힌 공간이나 예상하지 못하는 장소가 표현의 공간이 될 수 있다. 특히 즉흥공연이 이루어질 때 지정된 공간과 제한된 요소가 주어지기 때문에 자신의 의도를 해치지 않는 범위 내에서 공간 활용을 잘 하는 것도 표현자의 능력이다.

공간을 자유롭게 사용하였을 때 자신의 집중력이 흐트러지지 않아야 한다는 점을 명심하여야 한다. 또한 군무 진, 공간의 확장으로 인해 리드자의 유도가 매우 중요하며 자신의 의도대로 펼쳐나가는 데 문제가 있을 때 동료들에게 요청하고 이해를 구한다. 모든 곳이 무대가 될 수 있기 때문에 상황에 따라 대처하는 임기응변이 필요하다. 여러 형태로 공간을 활용하면서 자신의 캐릭터를 살리기 위해서라도 시·공간에 대한 확신을 갖도록 한다. 연습실 전체가 무대로 사용되면 산만하기도 하고, 동선이 확장되기 때문에 자신을 집중할 수 있는 에너지가 필요하다. 어떠한 모티브에 의해 군무를 의도대로 이동시키거나 멈추게 할지에 대한 자신만의 방법을 모색하면서 이를 표현하기 과정에서 완전하게 실행시켜 보아야한다. 본격적으로 표현하기에 들어가기에 앞서 동료들과 약속해야 할 부분들을 결정하고 의견을 나누어 문제가 없이 진행되도록 한다.

군무와 소외되어 표현한다.

군무는 bar에서 움직임을 하도록 시도하며 오필리어는 군무에서 벗어나 floor를 활용한다.

군무는 낮은 자세로, 오필리어는 높은 자세로 표현해 본다.

햄릿이 소외된 공간을 활용하여 표현했다면 오필리어는 움직임의 소외, 높낮이 등의 디자인적인 소외를 활용하여 표현해 보았다. 그러나 그 의미나 방법, 주의할 점들은 다음과 같다.

군무와 떨어져 있을 때에는 반드시 이유가 있다. 자신을 군무와 대립 구도로 두었을 때, 나를 어필하기 위한 또 하나의 공간으로의 이동, 강함 또는 약함을 강조하기 위해서…… 등등의 이유가 있다. 하지만 군무를 절대 무시해 버리면 안 된다. 군무에 의해서 자신이 더 강하게 또는 더 약하게 부각될 수 있기 때문이다. 그들과의 움직임, 대화를 의식해야 되는 이유, 방법들을 연구해야 한다. 결국 군무와의 관계가 반드시 사람과 사람이어야 하는 것은 아니다. 군무가 커다란 조형물로 표현될 수도 있고, 그 조형물에서 떨어져 나온 것에 생명력을 불어넣고 에너지를 사용하여 어떠한 의도를 표출할 수 있다.

또한 모두 바닥에 엎드려 있는데 자신만 서 있거나, 모두가 원 밖을 향해 지속적으로 걸어가고 있을 때 나만 원 안에서 움츠리고 있다면, 나에 대한 시선이 강하게 와 닿을 것이다. 그와 함께 '무엇을 할까? 왜 혼자만 다를까? 어떤 움직임을 할까?' 등의 호기심이 생겨날 것이다. 시선과 호기심을 유도해 내기 위함이 바로 자신을 소외시키는 데 있다.

극장에서는 조명에 의해 많은 부분이 강조되고 상황을 쉽게 이해하는 데 도움을 준다. 하지만 연습과정에서 체크하고 지나가지 않으면 자신의 존재가 기대만큼 표출되지 않는다. 이유 없는 구성적 소외, 구색 맞추기식의 소외는 필요하지 않다.

벽을 햄릿으로 설정하고 미친 오필리어를 표현한다.

상대에게 직접 표현했을 때와 벽을 상대로 표현했을 때를 함께 비교해 본다.

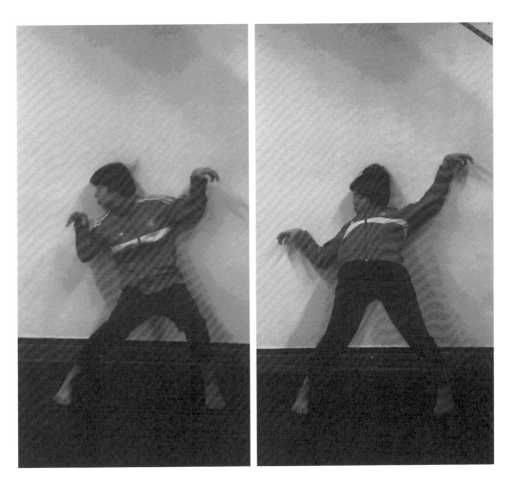

–정상적이지 않다는 상징성을 주기 위해 양말을 한쪽만 신었다.–

벽에 어떤 의미를 부여하느냐에 따라 움직임도 달라지고 보는 사람들의 느낌도 새롭다. 벽을 햄릿으로 설정하고 오필리어를 표현할 때, 적용하기 과정에서는 표현된 두 사람의 움직임과 벽을 상대로 해서 같은 상황을 표현한 오필리어를 보면서 비교할 수 있다. 세 번째 사진도 상징성이 가미되어 있다. 첫 번째와 두 번째 사진이 벽을 활용함으로써 상징성을 돋보이게 하고 있으며 다음 움직임에 대한 호기심도 생겨난다는 것을 느낄 것이다.

필자는 상징성을 추구하는 안무자이지만 사실성이 텍스트화되어야 한다고 주장하고 싶다. 그래서 반드시 최소한의 대본이나 시놉시스에 따라 움직임이 시작되어야 한다는 것을 강조한다. 위 사진들은 이미 그러한 과정을 거쳤기 때문에, 움직임에는 사실성과 상징성이 적당하게 내포되어 있다. 이 부분이 일반 관객들의 이해를 돕게 되면서 예술성도 강조할 수 있는 것이다. 아무 것도 모르는 기능을 멋진 춤이라 강조하며 엮어내는 것만으로 예술성이 강조되는 것은 아니다.

3) 무용과 연기를 결합한 표현

배우들은 무용의 기능을 보면서 저렇듯 많은 동작을 외워서 한다는 것에 탄복한다. 무용수는 배우들이 쏟아내는 감정과 수많은 대사를 외워서 표현하는 것에 놀라고 감탄한다. 똑같은 이야기이다.

지금까지 우리는 연습단계와 실행단계를 통해서 무용만 해 오지 않았다. 그렇다고 연기만 해 온 것도 아니다. 지금까지의 과정에서 우리는 무용과 연기 둘다 경험했다. 두 사람이 설정한 인물 햄릿과 오필리어는 시작부터 끝나는 시간까지 자신의 정서와 움직임이 가진 특징을 버리지 않았고 움직임을 표현해 나가는 모습에서 이미 연기와 무용의 기능이 자연스럽게 결합돼 있음을 알 수 있다. 이 중 한 가지라도 배제되었더라도 우리는 그 의미를 찾지 못했을 것이다. '표현'이란 반드시 연기적 요소가 기본을 이루어어야 한다는 것을 증명하는 과정이다. 다음의 표현 사진들을 보며 이야기해 보자.

ex: 오필리어, 햄릿의 감정이 증폭된 움직임

연기와 움직임이 함께 표현되어 캐릭터와 상황이 이해된다.

움직임 표현법 2 인물 표현을 위한 실행단계

무용과 연기가 함께 교육되어야 함을 강조한 본 교재의 흐름은, 위 사진들을 통해서 그 필요성을 절감하게 만든다. 연기가 바탕이 되어야 표현의 진정성과 이해가 생겨나고, 무용의 기능적 움직임에 따라 심미안과 조형미라는 미적 가치가 부여된다. 역할을 창조해 낸다는 것은 배우들에게만 해당되는 원리가 아니다. 무용수들에게도 성격 구축, 역할 창조의 중요성이 필요하고 연기의 방법을 통해 위의 사진에서처럼 조금씩 결과물을 만들어 내는 것이다. 몸에도 표정이 있음을 강조할 필요가 있다. 무용수들은 자신들의 접근 방법에 따라 표정을 자연스럽게 표출할 수 있다.

또한 무용수 각자의 장점, 타고 난 끼에 따라 받아들이는 개인차가 있고 활용 방법에도 차이가 있을 것이다. 위 사진의 무용수들은 모두 무용 전공자들이지만 연기적 요소와 접근법의 필요성을 알고 움직임을 만들어가고 있다. 이 때문에 다른 무용수들과 차별성을 지니고 있다.

4) 평가하기

연습단계에서의 토론하기와, 실행단계에서의 평가하기를 다시 한 번 상기해 보자.

자신이 구축해 낸 캐릭터를 움직임으로 만들어서 사실적인 부분과 상징적인 표현을 자연스럽게 접목시켜 표현해야 한다. 인물을 표현하는 데 난점은 우선 접근 방법이다. 시작지점이 불분명하기 때문에 움직임으로만 인물을 표현했다면, 이제는 본 과정을 통해 인물의 '특징'과 인물을 '비유할 수 있는 또 다른 상징성', 그리고 '감정'까지를 불어 넣을 수 있게 되었을 것이다.

그러나 연습단계에서 실행단계에 이르는 동안 자신이 가장 힘들어 한 부분이 있을 것이다. 그러한 과정에 대해 함께 논의하고 서로의 의견을 듣는 과정은 매우 중요하다. 표현하기에서 보여 준 인물의 캐릭터를 타인의 시선에서는 어떻게 보일지 의견을 듣고, 이를 자신의 생각과 공유하는 것이 필수적이다. 이 과정에서 자신이 볼 수 없었던 부분이 발견되거나 내가 풀리지 않던 동작들이 또 다른 방법에 의해 풀릴 수 있다. 그러나 자신의 의지가 무너져서는 안 된다.

다음은 각자의 표현하기를 통해 가장 힘들다고 느꼈던 점을 논의하며 문제점을 풀어나간다.

(1) 인물을 설정할 때 문제점이 있었다.

각자가 원하는 인물을 선택할 때 어려웠던 점이 있다. 인물을 결정해 놓고 자꾸 바꾸는 경우가 생긴다. 그래서 시작을 못하는 경우가 생긴다. 이러한 현상은 자신이 좋아해서 선택한 인물이 움직임으로 표현하기에 편한 인물과 일치하지 않았기 때문이다. 결국 좋아하는 인물을 선택했다가도 자신이 표현하기에는 무리가 있다고 생각하는 것이다. 처음 제시한 사항에서 우리가 잘 알고 있는 인물을 선택하는 것이 좋다고 한 이유도 바로 그 때문이다. 모두가 잘 알고 있는 인물의 특징은 쉽고 접근할 수 있고 쉽게 공감할 수 있다. 그래서 처음 연습은 쉽게 접근해 나가는 것이 바람직하다.

그러나 어떤 인물을 표현하더라도 특징을 증폭시키고 표현하는 자의 의도대로 유도하여 자신만의 방법으로 표현해 낼 것인가가 매우 중요하다. 그것이 바로 능력이다. 그 인물을 표현하면서 관객이 이름 석 자를 알아맞추는 게 중요한 것은 아니다. 복수를 표현하기 위해서 보이지 않는 인물로 햄릿이라는 캐릭터를 설정해서 풀어나가는 경우가 있듯이 주제를 위해 좀 더 구체적인 인물을 드러내기도 한다. 단순히 인물만을 위한 표현을 해야 될 경우는 그 인물과 관련된 다른 도구를 이용해서 그 인물이 표출되도록 한다.

여기서 중요한 것은 인물이 주체인지 주제를 위한 인물 설정인지를 명확히 파악하고 작품에 임해야 한다는 점이다. 본 교재에 수록된 연습과정과 실행과정은 인물을 표현하기 위한 과정이었다. 실행과정에서 인물의 캐릭터 구축에 대한 확신이 생겼다면 주제를 위해 인물을 활용하기도 한다. 오랜 시간 인물과 상황, 특징을 되새기며 연습에 임하고, 인물에서 더 나아가 그 인물이 표현해야 할 주제가 명확하게 드러난다. 이 책은, 인물 표현 방법에서부터 주제 표현 방법까지를 연습하도록 했음을 말해 준다.

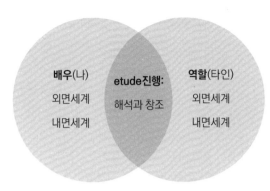

〈그림 1〉 배우의 연기 행위 과정 (김태훈, 2005)

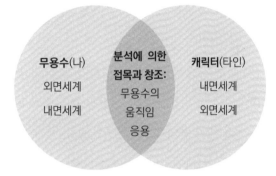

〈그림 2〉 무용수의 표현과정 (홍선미, 2008)

인물을 설정할 때 자신이 직접 표현해야 할 핵심이 무엇인지를 파악하고 움직임과 연기로 표출할 수 있도록 선별하고 결정한다. 또한 지속적인 움직임 연구와 특징을 접목시키는 과정 이 짧은 시간 동안에 만들어지는 것이 아님을 강조할 필요가 있다.

〈그림 1〉이 있는 배우의 연기 행위 과정을 보면 즉흥(etude) 훈련 후 두 타원이 만나서 점점 교집합이 만들어진다. 〈그림 2〉 역시 교차지점이 커지려면 많은 연습은 필요하다는 사실을 일러준다. 연습이 충분히 되면 교집합의 크기는

넓어지고 하나의 원에 가깝게 되기 마련이다. 무용수들이 인물을 표현할 때도 이 같은 과정을 거쳐야 한다는 것이다. 쉽게 움직임을 남발하거나 연습해 보지도 않고 포기하지 말아야 한다. 무용수들에게 부족한 부분을 채우는 작업이 이 과정을 통해 숙지되었으리라 믿는다.

(2) 동물, 식물, 물체 등과 어우러지도록 연계시키는 과정에서 어려움이 있었다.

인물을 동물과 매칭시키는 것도 힘든데 식물을 선택하는 것은 이해할 수 없었다는 의견이 많았다. 더욱이 우산, 와인 잔, 손수건 등은 그들이 좋아하는 물건이라면 모를까 도무지 연결하기 힘들어 했다. 그러나 캐릭터 분석을 하면서 분석에서 얻어낸 나만의 특징을 그 무엇과도 연결하여 생각해 보면 특정한 색깔이나 단어 하나를 떠올릴 수 있다. 가장 비슷하게 여겨지는 것, 또 움직임으로 이미지화시킬 수 있는 것을 고려하여 선택하고, 이 또한 자기만의 의도대로 유도해낼 수 있으면 성공적이라고 할 수 있다.

햄릿을 말(hors)로 매칭시키고 오필리어를 새끼 원숭이로 상징화한 이유는 분명하다. 말은 늘 달리고 싶은 욕망을 지니고 있지만 묶여 있어야 하고 답답함을 표출하기 위해 머리를 흔들고 소리친다. 이런 행동은 욕망의 분출이라고 지칭할 만하다. 그런 점에서 햄릿이 답답해하고 갈등하며 복수의 욕망을 분출하려는 외침과도 같다. 새끼 원숭이는 약해 보이지만 즉흥적인 행동을 보이기도 하고 누군가에게 의지하면 나무에 매달려서 떨어지지 않으려 한다. 이 같은 모습을 오필리어에 매칭시켰다. 움직임으로의 전환이 중요하기 때문에 말과 원숭이이라는 동물의 선택은 매우 적절하다고 여겨졌다.

선인장의 뾰족함과 햄릿의 돌발적인 성격, 피, 죽음을 암시하는 레드와인, 아버지의 망령, 무덤을 암시하는 검은 우산…… 등은 햄릿을 구체적으로 표현하는 데 도움이 된다고 설정한 요소이다. 오필리어를 떠올리면 흰색이 연상된다. 또한 그녀에게서 가냘픔과 눈물 등을 상상하다가 코스모스, 흰 손수건, 흰 양산 등을 떠올리게 되는 것이다.

앞서 활용한 과정들을 경험했지만 자신이 이끌어가는 방법과 집중력이 더 중요하다. '무엇으로 연계를~'보다는 '어떻게 연계를~'이 더 중요하다. 또한 이러한 매칭은 마지막 표현하기까지 도달했을 때 한 번도 사용되지 않을 수도 있다. 이는 표현을 위한 연습과정에서 이미지를 불어 넣고 캐릭터를 구축하는데 집중하기 위함이지 반드시 활용되어야 한다는 것을 뜻하지는 않음을 명심해야 한다.

(3) 상징적 움직임을 만드는 과정에 나타난 문제점은 무용수들에게도 쉬운 작업이 아니었다.

무용수들에게 움직임을 만들어 가는 일은 기존에 알고 있던 동작이나 본인이 잘하는 동작 안에서 선택하는 개념에서 접근하는 경우가 많다. 상징적인 동작을 만들어 반복한다는 의미를 잘못 이해할 수 있다. 그러나 상징적 움직임 만들기 과정을 통해 그 의미와 필요성 그리고 방법을 이해할 수 있었을 것이다.

상징적 움직임의 필요성은, 자신의 캐릭터를 구체화시키기 위함이다. 인물을 대사 없이 움직임만으로 구체화시키는 일이 결코 쉽지 않다는 사실을 우리는 경험했다. 그렇기 때문에 우리가 표현하기 쉽고 관객이 알 수 있는 또 다른 것 중에서 하나를 선택하여 (본 과정에서는 동물의 이미지) 상징화한다면 그 특징에서 무언가를 찾아낼 수 있을 것이다. 막연함 속에서 상상력을 발휘할 수 있는 모티브가 생겨난다. 동물적 이미지를 통해 인물의 성격, 상황들이 나타나는 것이다.

또한 상징적 움직임은 자신이 움직임을 만들어 나갈 때 중심을 잡기 위함이다. 인물은 정해놓고 움직임은 따로 만들고 아무 개연성도 없이 동작이 연결되는 것을 방지하기 위해서이기도 하다. 동물을 정하고 그 움직임을 집중적으로 응용해 나가다 보면 움직임에 지속성이 생겨나고 표현 의도가 타나면서 인물과 관계를 짓게 된다. 다양한 동작들을 나열하다 보면 관객은 무용수의 동작보기에 그치게 만다. 그렇게 되면 의미를 찾을 수 없고 인물에 대한 관심이 사라지고 만다. 춤을 추고 있는 자신도 표현하려는 의미와 목표가 뚜렷하지 않으면 깊이 있는 표현이 되기 어렵다. 의미와 목표가 뚜렷하면 편한 마음으로 춤을 출 수 있고, 관객들의 호응을 얻을 수 있다.

상징적 움직임들은 반드시 반복되어져야 한다는 점을 잊어서는 안 된다. 노래에도 후렴구가 있고 론도형식에서도 지속적인 반복 부분이 있다. 무용에서도 마찬가지로 동작구를 통한 반복으로 주제나 특징을 강조해야 한다. 다양한 동작들로 화려하게 만든 움직임일수록 인물을 표현하고 주제를 표현하는 데 어려움이 뒤따른다. 이는 경험을 통해 충분히 이해했을 것이다.

(4) 즉흥하기 과정이 어려운 이유는 무엇이었을까?

무용수에게 즉흥은 반드시 필요한 무용형태이다. 그럼에도 불구하고 많은 무용수들은 즉흥을 두려움과 황당함으로 접근하고 있다. 현재 공연형태가 즉흥으로 이루어지는 경우가 있기도 하고 안무 방법을 즉흥으로 유도하는 경우도 많아져 부정적인 생각은 전보다 줄어들었다. 하지만 학생들에게는 즉흥이 역시 꺼려지는 무용 형태임에 틀림없다.

연기자의 역할 접근법 모형을 통해 즉흥의 중요성과 역할을 이해해 보자.

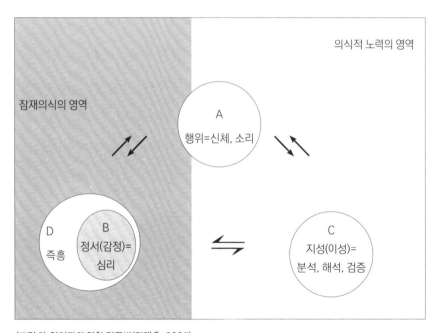

〈그림 3〉 연기자의 역할 접근법(김태훈, 2005)

연극에서 일반적인 배역 창조과정의 연습은 먼저 독회(General reading)를 하고, 오디션과 배역 선정을 거친 후 본격적으로 시작된다. 독회시간을 많이 할 애하여 배우들이 완전한 감정 표현이 가능해지면 행동선(Blocking)을 그리게 된다. 상세한 행동선을 추가하고 전체적인 조화를 이루게 되면 최종 연습을 거 쳐 공연을 하는 것이다(김대현, 1999). 위의 모형을 보면 C→B→A→C의 순서 로 진행되는 것이 일반적 배역 창조 진행이다.

무용수의 경우를 대입해 보자. 아마도 A만을 강조하여 춤을 추어 오지는 않 았을까? 아직도 학생들은 오직 A만을 해 오고 있는 것처럼 느껴질 때가 많다. 결국 C→A→C 정도는 하고 있을 것으로 생각된다. B라는 정서를 생각하지 못 한 채 기능을 연마해 왔다면 선천적인 감성과 끼를 지니고 태어나지 않는 한 무 용수들은 표현을 하는데 큰 문제가 생긴다. '기계체조에서 마루운동과 무용과 는 무엇이 다를까?'라는 의문에서, 가장 중요한 것은 자신이 무엇을 표현하고 있는지를 모르고 있다는 점이다. 무용이 단순한 육체의 외적 움직임만으로 표 현의 완성이라고 생각한다면 잘못된 생각이다. 자신의 기능이 무엇을 말하고 있는지, 어떤 이미지인지를 알고 또 관객이 느끼도록 해야 하는데 그것이 바로 모형에서는 'B'의 필요성을 가리킨다. 그것을 나의 것으로 구체화시키기 위한 방법이 바로 'D 즉흥'이다. 'A'와 'B'를 완성도 있게 표현하려면 어떠한 훈련 방 법이 필요한데 그 방법이 바로 즉흥인 것이다.

즉흥하기 과정에서 숨겨진 끼를 발견하고 고정관념이 깨진다는 의견을 나누 었듯 즉흥을 통해 내가 몰랐던 나를 발견하게 되며 지도자들은 특히 선입견에 서 벗어나게 된다. 스타니슬랍스키는 C→B→A→C만으로 부족하다고 여겼다. "본성, 잠재의식, 본능, 직관에 의해서 서로 복잡하게 연결되어 신체적인 행위를 일으키므로 그것을 유발시킨 내적인 동기, 경험의 개별적인 계기, 제기된 상황에서의 역할의 정서상의 논리와 일관성들을 알게 되는 것"이라고 주장하고, "인식이 이성적인 판단보다 먼저 정서의 단계를 거친다는 것이 중요한 것은 자신의 느낌으로 역할의 심리 어떤 부분을 빨리 인식하기 때문이다."라고 주장했다. 그러므로 신체적 표현 방법의 진행은 C→A→D→B→C로 일반적인 원리와 확연히 다르다(김태훈, 2005).

즉, A영역에서 B영역으로 가기 위해 잠재의식에서는 직접적인 명령을 내릴 수 없기 때문에 어떤 방법, 즉 연기 창조에서 본질적인 방법이 필요한 것이다. 그 방법이 바로 '즉흥'이라는 도구이다(홍선미, 2008). 결론적으로 무용수는 몸의 언어를 구사한다. 그렇다면 무용수는 몸짓에 의해 창조되는 그 무엇을 위해 내면의 것들을 끌어내어 발휘해 보는 훈련을 해야 한다. 그것이 즉흥이다.

(5) 적용하기 과정에서 반복 움직임과 지루함

적용하기 과정은 많은 것들이 구축되어진 상태이다. 앞서 언급한 정서까지도 벌써 확연하게 정해 놓았을 것이다. 그래서 초 목표를 달성할 수 있어야 한다. 또한 움직임의 응용, 확장을 통해서 자신만의 상징이 하나의 프레이즈로 완성되었기 때문에 가장 익숙한 움직임이 되었을 것이다. 또한 반복의 중요성을 강조했으므로 앞의 과정에서도 템포, 오브제 등을 활용하여 다양한 방법으로 반복되었을 것이다. 그러하다면 적용하기에서는 그 반복에 대한 적절한 분배와 조율이 필요하다. 이때 검토해야 할 세부사항으로는 프레이즈의 길이가 너무 길거나 너무 짧은지, 상징적 움직임이 지나치게 흉내 내기에 그친 것은 아닌지,

템포가 끝까지 일정한 것은 아닌지, 오브제 활용이 지나치게 식상한 것은 아닌지 등을 거론할 수 있다.

예를 들어, 오브제에 대한 집착을 잘못 이해하여 처음부터 끝까지 오브제에서 벗어나지 못하여 답답함을 주는 경우가 있는가 하면, 단 한 번도 오브제를 만지지 않았음에도 불구하고 오브제의 힘이 크게 느껴지는 경우도 있다. 그렇기 때문에 집착이라는 의미를 잘 이해해야 한다. 나의 표현에 반드시 필요한지 여부와 활용 방법과 그 범위에 대한 타당성을 최종적으로 검토해야 한다.

반복은 매우 중요하다. 그러나 반복이 지루함을 준다면 거기에는 어떤 이유가 반드시 있다. 반복의 지루함이 분명한 의도일 때가 있는데 그런 경우 외에는 지루함의 원인을 찾아야 한다. 대부분 경우 움직임의 분배, 조율에 지루함의 원인이 있다. 프레이즈 길이가 일정하면 프레이즈 자체가 프레이즈로 느껴지지 않는다. 너무 짧은 프레이즈도 지루함을 주는 원인으로 지목될 수 있다. 반복의 지루함을 없애려면, 응용 움직임에 의한 반복에다 템포의 변화나 호흡 사용의 변화를 주면서 움직임을 반복하는 등의 다양한 방법을 적절하게 활용해야 한다. 하지만 지루하다고 해서 잘 만들어 놓은 상징적 움직임의 프레이즈를 해체하는 일은 없어야 한다.

(6) 표현하기에서 오브제 활용이 과감하지 못한 점

표현하기 과정은 그동안 연습했던 움직임을 무대에서 실제로 발휘한다는 측면에서 가장 자신 있는 모습으로 자신의 의도가 표출되어야 하는 단계이다.

이 과정에서는 그동안에 사용해 본 많은 오브제를 다시 사용하기도 하고 새로운 오브제를 활용하여 의미부여를 해보기도 한다. "오브제가 있어서 더 힘들어요", "오브제가 있으니까 안심이 돼요" 등등의 상반된 의견이 나왔다. 전자의 의견을 낸 사람은 오브제를 자신의 인물과 또는 주제를 표현하는 데 의미 부여를 시키지 못했기 때문이다. 오브제가 춤을 추는데 걸림돌처럼 느껴지기도 하고 의무적으로 사용해서 보는 사람에게도 "저 오브제는 왜 사용한 거야?" 하는 의문을 갖게 만든다. 그러나 후자의 경우는 자신의 의도가 몸의 움직임만 표현하는 것보다 재미와 임팩트가 있을 것으로 여기면서 오브제를 활용한 표현 방법을 이미 생각해 두고 있다는 점이 다르다. 결국 오브제 때문에 자신이 의도한 바를 강조할 수도 있고, 움직임 역시 집중하여 구성할 수 있다.

응용하기, 즉흥하기 과정을 통해서 오브제를 하나로 함축하는 상징성으로 활용해 보았다. 이는 인물에 대한 표현 방법을 위주로 진행되었기 때문에 작품 전체의 미장센까지를 구체적으로 언급하지 않았다. 그러나 적용하기 과정에서 조율된 여러 상황들을 표현하기 과정에서는 마음껏 표현하고 사용해 보는 것이 중요하다. 시행착오를 통해 거듭날 수 있음을 명심하고 오브제를 활용한 움직임을 충분히 발휘한 후 동료들에게서 피드백을 받는 것이 중요하다.

오브제를 반드시 사용해야 되는 것은 아니다. 그렇기 때문에 오브제로 인한 위축이나 부담감, 또는 반드시 필요하지 않다. 오브제가 필요하지 않다는 생각이 들면 과감하게 놓는 자신의 선택을 존중하기를 바란다. 표현하기에서는 그동안 구축해 온 인물을 움직임과 연기로 무엇보다도 자신감 있게 표현해야 한다.

표현하기 과정을 마치고 나면 내(무용수)가 결정한 인물(역할)을 표현하기 위해 연습해 온 방법을 숙지하고 있어야 한다. 가장 자신 있게 움직임과 연기에 대해 표현되어져야 한다.

주의점1. 이 과정에서는 자신이 구축해 낸 모든 움직임에 대한 확신을 가져야 하며 불안감을 떨쳐버린다.

주의점2. 표현하기 과정에서는 타인의 피드백을 경청하고 자신이 발견하지 못한 부분들을 수용한다.

공연보기

인물표현을 위한 연습단계에서 인물표현의
실행단계까지 끝나면 각자의 공연에서 적극적으로 활용하여 실연하게 된다.
언제 어떠한 상황과 작품이 나에게 주어질지는 모르지만 연습단계에서 실행
단계를 연습하는 동안 다양한 시행착오를 겪으며 나름대로 규칙이 생겼을 것
이다. 작품을 처음에 임하는 자세나 접근 방법, 풀어나가는 과정 등에서 좋은
경험이 되었을 것이다. 상징적인 표현 방법과 필요성을 알게 되었다는 것이 매
우 중요한 포인트이다. 또한 즉흥과정을 통해 자신의 숨겨진 끼를 발견하고 스
스로가 유도해 나갈 자신감이 생겨났으리라 믿는다. 실행해 나가면서 가장 중
요한 연습의 핵심인 인물을 표현하는 데 있어서 접근 방법의 시작부터 끝을 알
아가는 연습이 이루어졌으므로 막연함에서 오는 막막함으로부터는 벗어났을
것이다. 긴 과정을 연습해 온 것처럼 느껴지지만 자신이 활용할 때는 더 집중해
야 될 부분들이 생겨날 것이다. 그때 필요성을 느낀 부분을 집중해서 연습하고

자유롭게 적용해 나가면 될 것이다.

공연보기에서는 앞의 과정들을 연습하며 직접 경험하고 공연까지 실연되어진 작품들 중에서 그 특징들이 부각된 장면들을 찾아보려 한다. 또한, 제1권 인물표현을 위한 연습단계와 제2권 인물표현을 위한 실행단계에 똑같이 실었다.

제1권에서는 즉흥하기까지 겪으면서 확인하고 싶은 부분과 상징적 오브제 사용에 대한 의문점 등을 공연보기를 통해 도움이 되기를 바라며 싣게 되었다. 제2권에서는 표현하기까지를 마치고 결과를 확인해 보기 위함이다.

공연보기는 인물의 캐릭터 표현과 동작의 상징적 의미들, 오브제의 상징적 활용을 특징으로 살린 작품들 중에서 주요장면과 인물을 클로즈업시켜 보았다. 그러면서 상징적인 표현들의 의미를 알아 가는 재미를 느껴본다. 또한 무용수들과 배우들의 표현에 대해 집중적으로 들여다보는 시간이다.

무용작품과 캐릭터 표현 → 무용작품과 동작의 상징적 의미들 →
무용작품과 오브제의 상징적 의미들 → 무용작품과 상징적 사랑 씬

1) 무용작품과 캐릭터 표현

무용극 외에는 뚜렷한 캐릭터를 표현하는 경우는 무용작품 안에서 흔한 일이 아니다.

그래서 우린 캐릭터 만드는 과정이 힘들기도 한 것이다. 그러나 다음의 사진들을 통해서 다른 무용작품에서 보다 강하게 캐릭터가 표현되었음을 느끼게 될 것이다. 무용극의 특성상 구체화된 대본과 그에 따른 인물이 존재하기 때문이다.

다음은 입센, 유진오닐 등의 희곡을 대본화한 무용극과 상징성을 주 무기로 표현된 무용작품들을 통해서 그동안에 연습해 온 상징성과 인물표현에 대해 대입시켜 봄으로써 표현에 있어서 동기부여가 얼마나 중요한지를 깨닫게 되기를 바란다.

(1) 〈느릅나무 아래 욕망〉 I, II 中 캐벗, 애비의 소유욕, 욕정을 강조하기 위한 캐릭터 설정

① 캐벗의 소유욕을 동물적 캐릭터로 설정하여 극대화한다.

무용수와 인물이 한몸처럼 움직이고 소유욕을 강조하기 위한 표정과 동물적 상징성으로 캐릭터를 극대화했다.

-〈느릅나무 아래의 욕망II〉 중에서-

　　　　　　　　　움직임 표현법 2　인물 표현을 위한 실행단계

② 아들 애번이 어머니를 그리워하며 상상하는 설정으로 어머니와 함께했던 일들을 상상함.

엄마와 어린 시절 즐기던 놀이, 엄마의 무릎에 누워 있던 모습, 엄마 등에 업혔던 일 등을 움직임으로 나타냈다.

-〈느릅나무 아래의 욕망II〉 중에서-

③ 애비의 욕정을 강조하기 위한 캐릭터 설정이다.

몸의 움직임도 소리도 동물적 움직임과 소리를 상징화했다.

-〈느릅나무 아래의 욕망II〉 중에서-

④ 애비와 캐벗이 동물로 상징화한 장면이다.

서로 엉키는 듯 움직임에 의한 상황을 극대화시킨다.

-〈느릅나무아래의 욕망II〉 중에서-

⑤ 애비의 욕정을 빨간 원피스와 캐벗을 유혹하는 동작으로 설정하였다.

〈느릅나무 아래의 욕망 II〉 위의 애비는 배우 출신이 역할을 맡았으며 〈느릅나무 아래의 욕망 I〉 아래의 애비는 무용수가 맡아서 했다.

여자의 소유욕과 욕정 두 가지의 목표를 표현해야 하는 어려움이 있던 캐릭터이다. 〈느릅나무 아래의 욕망 II〉에서는 대사의 도움으로 두 목표를 달성했지만 〈느릅나무 아래의 욕망 I〉에서는 대사 없이 표현해야 했기 때문에 욕정과 사랑에 목표를 두었다.

-〈느릅나무 아래의 욕망 I〉 중에서-

-〈느릅나무 아래의 욕망 I〉중에서-

(2) 〈피노키오〉 中에서, 피노키오 캐릭터를 표현하기 위해 나무인형의 특징을 설정

피노키오가 나무로 만들어지는 과정과, 다 만들어진 후 세상 밖을 느끼게 되는 나무인형의 슬픔을 표현하기 위해 나무인형이 힘들게 만들어지는 과정을 그림자로 표현하여 강조하였다. 마지막에 나무인형과 상반된 여자의 슬프고 아름다운 모습을 통해 감정이 없는 피노키오를 대비해서 보여준다.

-〈피노키오〉 중에서-

(3) 기생과 미얄할멈의 자태와 해학적 움직임 설정

　동양적 소재를 현대로 풀어나간 이 작품에서, 기생과 미얄할멈의 캐릭터이다.
곰방대를 물고 있는 기생과 지팡이를 사용한 미얄의 이미지이다. 해학적인 이미
지와 현대무용수들의 움직임이 조화를 이루며 캐릭터를 중시한 작품이다.

-〈화려한 동양화 속으로〉 중에서-

2) 무용작품과 동작의 상징적 의미들

(1) 말 발/ 말 다리/ 반인반마

이 공연은 상징성이 매우 강한 표현법을 사용하고 있으며 가려진 여자의 모습이 마지막에 드러나면서 더 강조되었다. 말의 상징은 발부터 시작하여 말의 엉덩이, 뛰는 모습 등이 상징적으로 부각된다.

① 말을 표현하기 위한 말의 발과 다리, 그리고 상반신은 여자인 반인반마를 표현한다.

발을 강조하기 위해 조명, 의상으로 다른 부분의 노출을 절제시켰다.

발의 움직임이 점점 다양하게 변한다.

점점 치마가 올라가면서 하반신을 노출시킨다.

- 〈Centaur〉 중에서 -

② 달리고 싶은 말의 욕망과 보이지 않는 상반신의 욕정이 뒤엉키는 장면 설정이다.

내면이 극대화되고 있는 움직임이다.

다리만으로 표현하고 서로 엉키며 상반신이 표출될 것을 암시한다.

- 〈Centaur〉 중에서 -

③ 반인반마 중 상반신이 보여지는 장면이다.

치마로 가려진 상반신이 처음으로 드러난 장면이다.

다른 움직임을 절제하고 여자의 상반신임을 강조한다.

다리는 말을 표현하기 위해 지속적으로 움직인다.

모든 동작을 절제하면서 신비스러움과 반인반마의 내면과 외면, 즉 인간의 내면과

외면을 표현한다.

- 〈Centaur〉 중에서 -

움직임 표현법 2 인물 표현을 위한 실행단계

④ 사랑하고픈 여자의 욕정과 달리고픈 말의 욕망으로 상·하체가 분리되어 표현된 장면이다.

Bar를 벗어나지 못함을 극대화하는 움직임과 힘들게 견디는 신체의 끈적거리는 움직임, 한 순간도 호흡을 놓을 수 없는 움직임들이 지속된다.
조형미가 최대의 미로 표현된다.

- 〈Centaur〉 중에서 -

(2) 여자의 몸

① 여자들이 푸른 계곡에서 폭포수를 즐기며 행복해 하는 모습이다.

시원한 물을 즐기는 여자들의 신체만을 표현하기 위한 움직임이다,

자연스럽게 물 흐르듯이 연속적으로 움직인다.

- 〈푸른 계곡의 꿈〉 중에서 -

움직임 표현법 2   인물 표현을 위한 실행단계

② 여자들의 몸으로 자궁 속의 꿈틀거리는 난자의 움직임을 보여 주는 장면이다.

온몸의 스트레칭보다는 굴곡과 움츠린 상태, 호흡만으로 미세한 이동, 발은 플렉스를 하며 연속적인 움직임을 한다.

- ⟨푸른 계곡의 꿈⟩ 중에서-

(3) 굴레 속 여자

① 남자들에 의한 여자들의 구속, 속박의 굴레를 표현한다.

홀라후프 속 여자들이 벗어나고 싶은 움직임을 시도하는 장면이다.

-⟨바다에서 온 여자⟩ 중에서-

(4) 엄마의 삶

① 엄마의 힘든 삶이 딸 때문에 극대화되는 장면이다.

엄마에게 계속 항아리를 머리에 얹어주는 딸과 비틀비틀 힘들게 걷는 엄마를 표현

하는 장면이다.

– 〈엄마의 항아리〉 중에서 –

② 엄마의 의상과 움직임, 지속되는 이동경로 등이 딸의 이미지와는 상반되도록 설
  정되어 있다.

배우의 대사에서 "엄마"라고 말하기 때문에 더 확실하게 이해될 수 있다.

– 〈엄마의 항아리〉 중에서 –

③ 주제 장면이다.

나이 든 엄마가 스스로 항아리를 들 수조차 없지만 그래도 또 돈을 벌기 위해 항아

리를 찾는다.

딸이 이제는 엄마의 머리 위에 다른 의미로 항아리를 올려준다.

– 〈엄마의 항아리〉 중에서 –

3) 무용작품과 오브제의 상징적 의미들

(1) 흰 공과 푸른 공

① 흰 공은 난자를, 푸른 공은 정자를 의미한다.

여자의 몸속에 지니고 있다가 하나씩 꺼내기 시작하며 결국 푸른 공을 만난다.

여성성이 강조되고 공의 상징성 때문에 의미가 증폭된다.

-〈푸른 계곡의 꿈〉 중에서-

② 푸른 공은 정자를 의미하며 결국 폭포수를 의미한다.

여자들이 원하는 남자를 극대화시키기 위한 푸른 공들이 우르르 쏟아진다.

-〈푸른 계곡의 꿈〉 중에서-

(2) bar와 검정치마

bar는 묶여 있는 말을 상징화하기 위한 장치이다. 검정치마는 말의 다리와 발을 부각시키기 위한 장치로 활용했다. 치마가 벗겨지면서 상반신이 노출되고 상체의 여성상과 하체의 말의 이미지가 자연스럽게 오버랩된다. bar를 벗어나지 못하는 상태는 달리지 못하는 말의 안타까움을 표현하기 위함이다.

– 〈Centaur〉 중에서 –

(3) 훌라후프

훌라후프는 남자들에 의해 씌워지는 굴레, 구속 즉 여자의 삶(결혼)을 상징
한다. 굴레를 극대화시키기 위해 훌라후프라는 예상치 못한 도구를 사용하였
다. 벗어나려 하지만 자꾸만 다시 쓸 수밖에 없는 상태를 남자들의 소리, 남자
들이 높은 곳에서 내려주는 훌라후프로 표현하였다.

-〈바다에서 온 여자〉 중에서-

-〈바다에서 온 여자〉 중에서-

(4) 대형 통

대형통은 소유욕을 표현하기 위한 오브제이다. 내 집, 내 농장, 내꺼야 등의
대사로 통을 만지고 통속에 들어갔다 나왔다 반복한다. 이 통은 작품 안에서
새로운 미장센을 만들어 주기도 하며 각각의 캐릭터를 표출하기 위한 도구로
도 활용된다.

-〈느릅나무 아래 욕망 II〉 중에서-

-〈느릅나무 아래 욕망 II〉 중에서-

(5) 대형 공과 흰 줄, 긴 고무줄

대형공은 엄마의 자궁을 상징화했고 공에 달려있는 끈은 탯줄을 표현한다. 긴 고무줄은 인간과 인간의 관계를 나타낸다. 고무줄을 당겨 끊어지는 순간 악연이 시작된다. 사진은 대형 공 위에서 태아의 움직임을 표현하며 탯줄을 잡고 안간힘을 쓰는 남자무용수의 모습이다.

-〈그녀의 잔상〉/〈느릅나무 아래 욕망 I〉 중에서-

(6) 항아리와 붉은 치마

항아리는 엄마가 딸을 위해 늘 머리에 이고 나가는 가방 같은 물체이다. 그 항아리에 담을 많은 돈을 벌어와야 한다. 한국적 정서와 희생하는 엄마의 이미지를 좀 더 극적으로 표현되기를 바라며 항아리를 사용하였다. 항아리에 붉은 치마를 입힌 것은 엄마의 돈 버는 행위를 상징화하기 위함이다. 붉은색 치마를 항아리에 입힌 이유는 항아리가 치마를 입고 여기저기서 던지는 돈을 받는다. 엄마의 삶을 함축하고 상징하기 위함이다.

-〈엄마의 항아리〉 중에서-

4) 무용작품과 상징적 사랑 씬

(1) 여자의 상반신과 말 다리의 사랑 씬

① 여자의 상반신과 말의 다리가 한몸처럼 존재하기도 하고 각각의 모습으로 욕망
   을 표현한다.

   심한 접촉 없이 사실적인 움직임은 배제한다.

   상징성을 극대화시켜서 사랑 씬을 표현한다.

   호흡을 사용하되 감정을 빼고 건조하게 표현하지만 매우 에로틱하게 느껴진다.

‒ 〈Centaur〉 중에서 ‒

② 상반신과 다리의 합체로 사랑 씬

bar에서 벗어나지 않으면서 연속적인 동작에 의해 다리와 상반신이 합체한다.

신체의 굴곡과 길게 사용되는 호흡에 의해 집중력과 심미안을 극대화시켜 준다.

- 〈Centaur〉 중에서 -

(2) 대형 공을 사이에 둔 사랑 씬

② 대형 공을 사이에 두고 사랑 씬을 연출한다.

남자는 위에서 아래로 서서히 내려오며 여자는 공 아래서 갈구한다.

남자가 공을 타고 내려와서 여자의 몸으로 겹쳐지지만 접촉하지 않은 상태로 사랑

을 나눈다.

대형 공은 여자의 자궁을 의미한다.

-⟨그녀의 잔상⟩/ ⟨느릅나무 아래 욕망 I⟩ 중에서-

(3) 소유욕을 상징화한 통 안으로 남자를 유혹한 사랑 씬

① 비좁은 통 안에서 접촉 없는 사랑 씬이 이루어진다.

통 밖에서부터 진행되는 움직임의 상승 곡선이 통 안에서 최대치를 이룬다.

통 때문에 보일 듯 말 듯한 부분들이 호기심을 자아낸다.

-〈느릅나무 아래 욕망II〉 중에서-

움직임 표현법 2 인물 표현을 위한 실행단계

②두 사람이 통 안에서 서로를 의식하며 돌고 있다.

두 사람의 주고받는 호흡이 매우 긴장감을 준다.

조명에 의해 신비감이 더해지며 서서히 통속으로 들어가며 마무리를 한다.

-〈느릅나무 아래 욕망II〉 중에서-

작품에서 사용된 오브제의 의미와 동물적 움직임, 캐릭터·설정 등은 무용이나 연극이나 모든 무대예술에서 마찬가지로 적용된다. 그러나 어디에 초점을 두는지가 핵심이다. 내가 상징성을 중점적으로 표현하려면, 오브제 선택과 활용이 그 주제를 살리기 위한 도구로 극대화되어야 하며, 도구 그 자체로 활용되는 것은 그다지 효과적이지 못하다. 사실 연극에서 사용되는 정확한 소품들과는 다르다는 것이다. 굳이 그것을 사용해야 하는 의미가 내포되어 있어야 하는데, 그 이유 없이 사용할 수는 없다. 자체로 활용되지 않고 다른 의미로 활용되었을 때 그 의미를 찾기 힘들 것 같지만 작품이 끝나고 나면 대부분 이해하고, 돌아가면서 그 의미를 찾는 데 흥미로워 한다.

또한 움직임이 자유롭고 기량이 뛰어난 무용수일수록 움직임을 깊이 연구한다. 자신의 기량이 기능으로 그치지 않도록 치열하게 노력해야 한다는 의미다. '표현'이라는 단어를 잘 생각해 보면, '무엇을?'이 있어야 그 가치가 빛난다고 할 수 있다. 도리스 험프리는 "무용수가 팔, 다리를 사용하여 의미 없는 동작을 하고 있는 것은 시체와 같다."라고 지적한 바 있다.

동물적 움직임을 만들어 나가는 이유가 무엇인지를 알 수 있었으리라 생각한다. 동물적 움직임만 사용하지 않으면서 선인장, 코스모스 등을 왜 상징화시켜 보았는지 이해해야 한다. 그 이미지를 지속적으로 지니고 움직임을 만들고 또 표현하기를 시도해야 한다.

위의 공연하기 사진들은 배우와 무용수들이 앞의 과정의 대부분을 짧게 때로는 길게 경험하였으며 그 필요성을 깨닫고 공연에 임하였다. 표현력에 서 다른 무용수들과 차이를 느낄 것이다.

연구하고 노력하면서 재미있는 작업형태로 만들어가면서 나의 표현법을 만들어나가는 일이 중요하다.

공연보기에서는 자신이 사용하는 상징적 의미와 오브제의 활용에 관해 비교하며 토론해 보며 작품에서의 의도를 파악해 나가는 것이 중요하다. 캐릭터의 증폭, 오브제에 의해 설명적이지 않은 표현, 상징적 움직임들을 확인해 본다.

주의점 1. 질문이 있으면 바로 정확하게 질문한다.

주의점 2. 인물을 표현하는 데 핵심이 될 수 있는 상징성과 오브제인지 다시 한 번 심사숙고한다.